3歳児の指導計画完全サポート

監修／原 孝成

はじめに

　近年、共働き家庭の増加や、働き方の変化などにより、保育所・幼稚園・認定こども園などに通う子どもが増えています。

　2017年3月の保育所保育指針及び幼保連携型認定こども園教育・保育要領の改定では、保育所・認定こども園が幼児教育を行う施設であることが明記され、乳幼児期の学びを保障することが大きな課題となっています。また、改定においては幼児期に育みたい資質・能力が明確に示され、5領域に基づく学びの重要性が記載されるようになりました。

　改定されても「『保育』は養護と教育が一体的に行われるものである」という考え方自体は変わりません。ただ、「養護」は基礎的事項として、より安全で安心できる子どもの生活環境をつくっていく保育者の視点としてまとめられました。また、「教育」の側面である「保育内容」は内容の充実と質の向上がはかられるようになりました。

　このような社会や制度の変化のなかで、一人ひとりの子どもを理解し、子どもの最善の利益のために適切な環境を構成していくことや、指導計画を立案していくこと、それに基づく実践をとおして自分の保育を振り返り、次の指導計画を改善・立案していくことが、保育者の重要な役割となります。

　本書が、そのような保育者にとって保育の質を向上させる一助となれば幸いです。

原 孝成

目次

はじめに 1

第1章 指導計画の基本

保育所保育指針改定で
指導計画はどう変わったの？ 6
指導計画はなぜ必要なの？ 8
10の姿をどう保育に生かすの？ 10
3歳児の発達と指導計画 12
指導計画にはどんな種類があるの？ ... 14
月案の見方のポイント 16
月案の項目別・指導計画のポイント ... 18
週案・日案について 22
週案の見方のポイント 24
日案 26
年度の最初に立てる計画のポイント ... 28
年間指導計画 30
3歳児教育課程 32
食育計画 34
保健計画 36
避難訓練計画 38
学校安全計画 40
避難訓練、防犯対策は
子どもが覚えやすい標語で 42

第2章 12か月の指導計画

4月の指導計画
月案（みかんぐみ：保育所）............ 44
月案（れもんぐみ：保育所）............ 46
月案（こあらぐみ：幼稚園・認定こども園）... 48
週案（保育所）................................. 50
4月の遊びと環境 52
4月の文例集 53

5月の指導計画
月案（みかんぐみ：保育所）............ 54
月案（れもんぐみ：保育所）............ 56
月案（こあらぐみ：幼稚園・認定こども園）... 58
週案（保育所）................................. 60
5月の遊びと環境 62
5月の文例集 63

6月の指導計画
月案（みかんぐみ：保育所）............ 64
月案（れもんぐみ：保育所）............ 66
月案（こあらぐみ：幼稚園・認定こども園）... 68
週案（保育所）................................. 70
6月の遊びと環境 72
6月の文例集 73

7月の指導計画
月案（みかんぐみ：保育所）............ 74
月案（れもんぐみ：保育所）............ 76
月案（こあらぐみ：幼稚園・認定こども園）... 78
週案（保育所）................................. 80
7月の遊びと環境 82
7月の文例集 83

8月の指導計画
月案（みかんぐみ：保育所）............ 84
月案（れもんぐみ：保育所）............ 86
月案（こあらぐみ：幼稚園・認定こども園）... 88
週案（保育所）................................. 90
8月の遊びと環境 92
8月の文例集 93

9月の指導計画

月案（みかんぐみ：保育所）	94
月案（れもんぐみ：保育所）	96
月案（こあらぐみ：幼稚園・認定こども園）	98
週案（保育所）	100
9月の遊びと環境	102
9月の文例集	103

10月の指導計画

月案（みかんぐみ：保育所）	104
月案（れもんぐみ：保育所）	106
月案（こあらぐみ：幼稚園・認定こども園）	108
週案（保育所）	110
10月の遊びと環境	112
10月の文例集	113

11月の指導計画

月案（みかんぐみ：保育所）	114
月案（れもんぐみ：保育所）	116
月案（こあらぐみ：幼稚園・認定こども園）	118
週案（保育所）	120
11月の遊びと環境	122
11月の文例集	123

12月の指導計画

月案（みかんぐみ：保育所）	124
月案（れもんぐみ：保育所）	126
月案（こあらぐみ：幼稚園・認定こども園）	128
週案（保育所）	130
12月の遊びと環境	132
12月の文例集	133

1月の指導計画

月案（みかんぐみ：保育所）	134
月案（れもんぐみ：保育所）	136
月案（こあらぐみ：幼稚園・認定こども園）	138
週案（保育所）	140
1月の遊びと環境	142
1月の文例集	143

2月の指導計画

月案（みかんぐみ：保育所）	144
月案（れもんぐみ：保育所）	146
月案（こあらぐみ：幼稚園・認定こども園）	148
週案（保育所）	150
2月の遊びと環境	152
2月の文例集	153

3月の指導計画

月案（みかんぐみ：保育所）	154
月案（れもんぐみ：保育所）	156
月案（こあらぐみ：幼稚園・認定こども園）	158
週案（保育所）	160
3月の遊びと環境	162
3月の文例集	163

個別の指導計画

3、4、5歳児の個別の指導計画	164
Dちゃんの個別指導計画（入園時に配慮が必要なことがわかっているとき）	166
Eちゃんの個別指導計画（入園後に気になる点が出てきたとき）	170
指導計画用紙（年間、短期）	174

保育日誌	176
1年間の指導計画を振り返ってみよう	184
写真や動画を記録に生かすには？	186
CD-ROMについて	188

本書の使い方

第❶章　指導計画の基本を解説！

　本書の第1章では、指導計画がなぜ必要なのか、指導計画にはどんな種類があるのか、また、改定された保育所保育指針に基づいた、指導計画の作成のポイントや、年度はじめに立てる計画について説明しています。

第❷章　その月に必要な指導計画がまるごとわかる！

　本書は、月ごとに指導計画を掲載しています。その月に必要な指導計画がまとめて見られますので、実際に計画を作成する際に便利です。また、1年間の保育の流れや、それぞれの計画の関連性についても理解しやすい構成となっています。

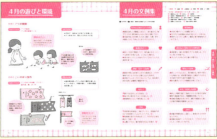

付属CDR　すべての例文を掲載！

　本書に掲載されている指導計画の例文はすべて、付属CDRに掲載されています。コピーして、ご自身の園の指導計画に貼り付けることで、すぐに利用することができます。

第 1 章

指導計画の基本

この章では、「指導計画」とは何か、なぜ必要なのかについて説明しています。
また、それぞれの計画を立案する際のポイントについてもまとめています。

保育所保育指針改定で
指導計画はどう変わったの？

保育所保育指針、幼稚園教育要領、幼保連携型認定こども園教育・保育要領が改定（訂）＊され、2018年4月から施行されましたが、どのような内容なのでしょうか。また、指導計画にはどのような影響があるのでしょうか。ここでは、特に保育所保育指針（以下、指針）の改定を中心に見ていきましょう。

1. 保育所保育指針の改定について

❶改定のポイントは？

①0・1・2歳児＊も「教育の視点」が充実！

新しい指針では、0・1・2歳児の項目が充実しました。それにともない、これまで3歳以上児で重視されていた「教育」の視点が、新しい指針では0・1・2歳児にも多く入りました。

②養護がより重要に！

これまでの指針では、養護は保育内容の項目に入っていましたが、新しい指針では第1章「総則」の「基本的事項」に入りました。これは、養護の視点がより重要になった、ということを示します。

③具体的な保育目標が示された

新しい指針では、具体的な保育の目標となる「育みたい資質・能力」「幼児期の終わりまでに育ってほしい姿」（以下、10の姿）が示されました。これは、今までの指針にはなかったものです。

❷保育所保育指針、幼稚園教育要領、幼保連携型認定こども園教育・保育要領の3つには関連性はあるの？

もともと「保育内容」の項目においては、この3つは共通の形をとっていましたが、今回の改定により、保育所・幼稚園・認定こども園において日本の乳幼児期の子どもが受ける「幼児教育」を、3つの施設で共通して行おうという姿勢がより全面に押し出されることになりました。ここでいう「幼児教育」とは、3歳未満児からの教育も含めます。

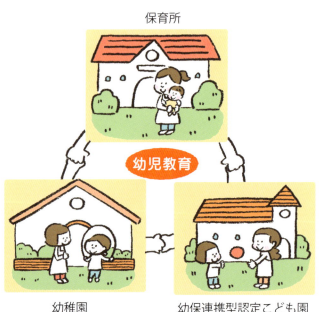

＊改定（訂）：保育所保育指針は「改定」、幼稚園教育要領と幼保連携型認定こども園教育・保育要領は「改訂」と表記されている。
＊0・1・2歳児：保育所保育指針では0歳児を「乳児」、1・2歳児を「1歳以上3歳未満児」としている。

2. 特に指導計画に関わる部分について

❶ 指導計画の位置づけは？

今回の改定で、指導計画の項目が、第4章から第1章「総則」に移動されました。これは、指導計画がより重要な位置づけになったことを示します。今後は、指導計画を立てることが保育者の重要な役割の一つであることを意識しましょう。

❷ 計画の流れは変わるの？

基本的に流れは変わりません。ただし、保育者の保育に対する見方が変わります。これまでは、幼児教育における「目標」というのはあくまで方向性であって達成目標ではない、という漠然としたものであったと思います。しかし、10の姿が示されたことによって、育ってほしい姿が具体的になり、評価の視点が明確になりました。活動そのものは変わらなくても、日々の保育の先に10の姿があることを念頭に置きながら立案しましょう。

❸ 評価の視点は変わったの？

目標が具体化したことにより、評価の視点もより明確で、具体的になりました。しかし、評価自体が変わるわけではありません。10の姿とは、決して達成度のチェックリストではないのです。

❹「0・1・2歳児の教育の視点充実」を指導計画にどう反映させればいいの？

これまで、0・1・2歳児の保育では「養護」の側面が重要視されていましたが、今回の改定により、0・1・2歳児のなかにも「学び」や「教育」の視点があるということが示されました。つまり、これまで養護の「ねらい」「内容」に入れていた項目のなかにも「教育」に入る要素がある、という視点で指導計画を作成していくことが大切なのです。

❺ 3歳以上児の個人案はどう変わったの？

従来と同じく3歳以上児については、特別な支援を必要とする子どもの個別の指導計画を作成します。指導計画の作成に当たっては、一人ひとりの子どもの理解が重要となります。子どもを理解する視点としては、その子どもの体の機能に関する生理的・医療的な情報、生活習慣の自立、運動・言葉・理解力などの発育状況、行動面での特徴など心理的、保育・教育的情報、園での友だち関係や家庭・地域社会との関係などの社会的情報をしっかり把握しておくことが重要になります。

▶ くわしくは164、165ページ

❻ 小学校への接続はどう変わったの？

今回、小学校の学習指導要領※も改訂され、それに伴い、小学校の学習についても10の姿を踏まえることが明記されました。今後、保育所・認定こども園等側からだけでなく、小学校側からも積極的に連携が進められることが期待されます。そのため、10の姿を踏まえた園の保育目標や子どもの記録を整えていくことが、これから重要になると思われます。

※学習指導要領：学校教育法等に基づき、各学校で定められる教育課程（カリキュラム）を編成する際の基準。

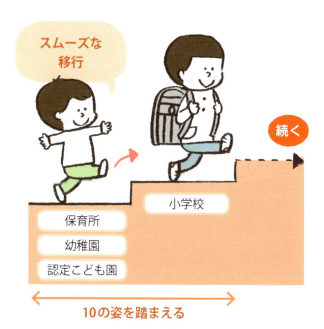

指導計画はなぜ必要なの？

指導計画はなぜ必要なのでしょうか。計画を立てるためにどのような視点があるのでしょうか。
ここでは、計画の必要性と計画を立てるために必要な乳幼児期の子どもを見るための視点を見ていきましょう。

1. 指導計画とは？

　保育所保育指針では、第1章の「総則」において、「保育の目標」が示されています（下図）。これを達成するために各園で「全体的な計画」を作成します。指導計画とは、この全体的な計画に基づいて、保育が適切に展開されるために作成する具体的な計画のことをいいます。つまり指導計画とは、保育の目標を達成するためにあるのです。

保育の目標

- ✚ （心と体の）健康
- ♥ 人間関係（人との関わり）
- 🌲 環境（生命、自然及び社会の事象に対する興味や関心）
- 💬 言葉（言葉への興味や関心）
- ♪ 表現（豊かな感性や表現力）

　　　　　　　　　　　　　　　　　　教育

- 養護（生命の保持及び情緒の安定）

2. 養護と教育とは？

　保育とは、養護と教育を一体的に行う営みです。

> **養護**…子どもが安心して生活していくために保育者が行う援助や関わり
> **教育**…子どもが健やかに成長し、活動が豊かに展開されるために保育者が行う発達の援助

　指導計画において「養護」とは、子どもたちが成長していく基礎となるもので、保育者の視点で書かれます。生命の保持や情緒の安定といった養護の要素というものは、常に安定していることが重要です。実際の指導計画においても「養護のねらい」は、前月と変わらないということもあります。

　指導計画において「教育」とは、子どもたちが学んでいく姿や環境のなかで成長していく力を書くもので、子どもの視点で書かれます。日々子どもたちが学ぶことは変化していくので、「教育」の要素というものは、常に子どもに合わせて変化させていくことが重要です。

3. 5領域とは？

5領域とは、子どもの育ちに関わる要素を「健康」「人間関係」「環境」「言葉」「表現」の5つに分類したものです。指導計画においては、「保育内容」の項目になる部分です。それぞれの項目の特徴は下記の通りです。

①健康	心身の健康に関する領域
②人間関係	人との関わりに関する領域
③環境	身近な環境との関わりに関する領域
④言葉	言葉の獲得に関する領域
⑤表現	感性と表現に関する領域

4. 育みたい資質・能力とは？

今回の指針改定で、一生ものの「生きる力の基礎」として幼児教育で一体的に育みたい3つの柱が、「育みたい資質・能力」として具体的に示されました。これにより、乳幼児期の教育が、小学校・中学校・高校へとつながる学びの基礎となることがよりはっきりと示されました。指導計画においては特に「ねらい」を立てるときに、育みたい資質・能力を念頭に置くとよいでしょう。

育みたい資質・能力

知識及び技能の基礎
遊びや生活のなかで、豊かな経験を通じて、さまざまなことについて感じたり、気づいたり、わかったり、できるようになること

思考力、判断力、表現力等の基礎
遊びや生活のなかで、気づいたこと、できるようになったことなども使いながら、考えたり、試したり、工夫したり、表現したりすること

学びに向かう力、人間性等
心情、意欲、態度が育つなかで、よりよい生活を営もうとすること

5. 幼児期の終わりまでに育ってほしい姿（10の姿）とは？

10の姿は、5領域がめざす目標をよりくわしく表したもので、適切な生活や遊びの積み重ねで見られるようになる子どもの姿です。子どもによって見られる姿は異なり、到達すべき目標ではありません。今後は10の姿を念頭に置いて、すべての計画を作成していく必要があります。また、この10の姿は、小学校の先生たちが、小学校に入ってくる子どもたちがこれまでどのような保育を経験してきたかを見るための視点としても使用されます。

▶ くわしくは10、11ページ

10の姿をどう保育に生かすの?

2018年4月より施行された保育所保育指針等では、5歳児の後半ごろまでに育ってほしい具体的な「10の姿」を示しています。内容について、くわしく見ていきましょう。

幼児期の終わりまでに育ってほしい10の姿

10の姿は5歳児の後半ごろまでに育ってほしい具体的な姿です。3、4歳児ごろから念頭に置いて指導計画のねらいを立てることが大切です。

❶健康な心と体 ▶健

・どんな内容?
身体を動かして運動能力を適切に発達させたり、自分のやりたいことをしたりして、安定した心の状態が得られることです。また、子ども自身がすすんで健康を保持したり、安全を意識したりして行動できるようになることも含まれます。

・たとえばどんな活動で身につくの?
日々の遊びのなかで、楽しいと感じられることを思う存分行うとよいでしょう。健康維持については、衛生習慣を身につけるだけでなく、病気予防や食にも関心をもてるような活動を取り入れます。安全に対する意識については、場に応じた行動をとることで育まれますので、さまざまな状況や場面を経験することが大切です。

❷自立心 ▶自

・どんな内容?
やりたいことをやってみることから始まり、年齢が上がるにつれて「最後までやりぬこうとする気持ち」が育まれていきます。できるようになった喜びや満足感が自信となり、自分のことを自分でやりたいという心の成長につながります。

・たとえばどんな活動で身につくの?
新しいことに挑戦する機会をつくりましょう。はじめはうまくできないことも、工夫を重ねて「できるようになる」力が身についていきます。少し上達したらほめてがんばりを認め、あきらめずに「もう一度やってみよう」という気持ちが芽生えるような言葉がけがとても重要です。自分で乗り越えた満足感、達成感が自立心に結びつきます。

❸協同性 ▶協

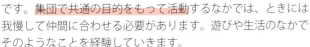

・どんな内容?
友だちと関わるなかでお互いの思いや考えなどに気づき、共有することです。集団で共通の目的をもって活動するなかでは、ときには我慢して仲間に合わせる必要があります。遊びや生活のなかでそのようなことを経験していきます。

・たとえばどんな活動で身につくの?
遊びのなかで、共通の目的のためにともに考えたり工夫したり、協力し合う体験が共同性につながります。他児の行動を見たり他児のイメージを知ったりして刺激を受け、そこに自分なりのイメージを足して遊びを広げるごっこ遊びも、友だちとの関わりが深まる遊びです。運動会などの行事も仲間意識が芽生えやすく、クラス全体に一体感が生まれるよい機会となります。

❹道徳性・規範意識の芽生え ▶道

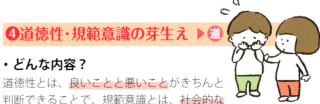

・どんな内容?
道徳性とは、良いことと悪いことがきちんと判断できることで、規範意識とは、社会的なルールを守ったり、生命を尊重する心が身についたりすることです。自分がルールを破りそうになったときに気づき、コントロールできる態度が望まれます。

・たとえばどんな活動で身につくの?
ルールのある遊びや活動のなかで、子ども同士のトラブルを経験することが重要です。年齢の低い子どもの場合は保育者の仲立ちが必要ですが、5歳児では、なるべく自分たちで解決できるように支えます。自分の思い通りにならないことがあっても、納得して気持ちを切り替える「自己調整力」は、生活の中で身についていくものです。

❺社会生活との関わり ▶社

・どんな内容？
友だちや保育者、地域の身近な人々などとふれあい、つながりがあることに気づき、そのなかで自分が誰かの役に立つことを意識することです。また、世の中のものや事象などの情報を集め、役立てることも含まれます。

・たとえばどんな活動で身につくの？
散歩の際に商店街に行く、敬老の日に近所の高齢者施設を訪ねるなど、遊びや行事をとおして園内外のいろいろな人と関わる機会をつくりましょう。また、日本の伝統文化や行事に親しむこと、世界の文化にふれることも社会への関心を広げることにつながります。必要に応じて図鑑や映像なども活用し、情報にふれられるようにしましょう。

❻思考力の芽生え ▶思

・どんな内容？
ものとの多様な関わりから、子どもが自由に試したり工夫したり考えたりして思考力を発展させていくことです。また周囲の友だちと関わって遊ぶなかで、イメージを広げ、よりよい考えを自ら生み出していきます。

・たとえばどんな活動で身につくの？
製作遊びやごっこ遊びをとおしてイメージを広げることはもちろん、植物を見て色や形の違いに気づくことも該当します。どんな経験をしても子どもはさまざまなことを考えていますので、子どもの考えを引き出す言葉がけが大事です。先回りして正解の答えを与えてしまうのではなく「どうしたらいいと思う？」と問いかけ、ともに試行錯誤を楽しみましょう。

❼自然との関わり・生命尊重 ▶然

・どんな内容？
動植物の飼育や観察をとおし、生物が成長する不思議に関心をもち、命の大切さを感じとることです。また四季折々の季節感、雨風や太陽の日ざしなど感覚で自然を感じることも、子どもの心を豊かに育みます。

・たとえばどんな活動で身につくの？
幼児期の子どもは悪気なく生物を乱暴に扱うことがありますが、そうした際に命の大切さが理解できるような言葉がけをしたり、日ごろから大人が生物にどのように接しているかを見せたりしていくことが大事です。飼育係、植物の水やり係などの当番体験、1年の自然の移り変わりを意識できる戸外活動を充実させましょう。

❽数量や図形、標識や文字などへの関心・感覚 ▶数

・どんな内容？
数や文字の形や意味、大小・長短・重さや軽さなどを比較することに関心がもてるようにすることです。また、標識など生活のなかで意味を伝える記号やマーク、世界の国旗などにふれることも大切です。

・たとえばどんな活動で身につくの？
遊びや生活のなかで、数や文字に興味をもてる活動を計画していきましょう。たとえば、いもほりの際にいもの大きさ比べをすると、何をもって比較すればよいかを子どもなりに考えます。文字に関しては、お店やさんごっこの看板などを率先して書きたがる子どももいます。文字の練習ではなく、「書きたい」「読みたい」という自発的な気持ちを大切にしましょう。

❾言葉による伝え合い ▶言

・どんな内容？
「伝え合い」とは相手の話に関心をもって聞き、その内容を受け止めたうえで自分の思いを相手に伝えることです。絵本や物語などに親しみ、言葉の響きを楽しみながら、言葉や表現を身につけることが望まれます。

・たとえばどんな活動で身につくの？
朝の会や帰りの会などで発表や話し合いの時間を設けるほか、活動の際にグループごとに「作戦会議」をすると、子どもたちはことのほか活発に意見を出し合います。また、子ども同士で遊びのやり方を教え合う場をつくるのもよいでしょう。また、園の入口に写真を掲示しておくと、子どもたち自身が、家庭で保護者に、園での活動を説明するきっかけになります。

❿豊かな感性と表現 ▶感

・どんな内容？
感性とは、諸感覚で感じとる、受け止める力です。自然物の変化や天候に季節感を感じたり、絵や音楽に楽しさや美しさを感じたりすることです。表現とは、自分の内面にあるものを、絵や歌や楽器、動作や言葉などで表すことを指します。

・たとえばどんな活動で身につくの？
絵や製作、歌や楽器演奏などの表現が重視される傾向がありますが、「見る」「聴く」といった「鑑賞」によって感性を磨くことをおろそかにしてはいけません。製作したものを子ども同士で見せ合い、友だちの作品について話したり、他のクラスの歌を聞いたりすることも立派な鑑賞です。また、季節の移り変わりをさまざま方法で感じるような戸外での経験も大切です。

▶月案・週案のマークもチェックしよう！

3歳児の発達と指導計画

	3歳～	～3歳6か月	
食事	● はしを使って食べることに興味をもつ。 ● 食事の前に手洗い・うがいをするなど食前に準備することがわかる。	● 食前食後のあいさつができる。 ● 友だちや保育者と会話を楽しみ、味わいながら食べるようになる。	
睡眠	● 夜中に目を覚ますことなく、一晩中眠るようになる。 ● 午睡を嫌がる子どもも出てくる。	● 失敗を思い出し、午睡中に泣き出すことがある。 ● おもらしを心配して寝たがらない子どもがある。	
排泄	● 男児は立って排尿。女児は排尿後にトイレットペーパーを使う。 ● 排泄後の手洗いが習慣化する。	● 便器で排泄できたときに心地よいと感じる。 ● おむつの交換や、おもらししたときに恥ずかしさを感じる。	
言葉	●「ぼく」「わたし」など一人称を使う子どもが増える。 ● 意思を言葉で伝えようとする。	● ものを数えたり、数に順序があることを認識するようになる。 ●「なんで？」「どうして？」と質問することが増える。	
運動	● 左右の手で別の動きができるようになる。 ● バランス感覚が発達し、平均台を渡ることなどができるようになる。	● 転んだとき、とっさに手が出るようになる。 ● 足を交互に出して階段の上り下りができるようになっていく。	
人間関係	● 生活のルール、決まりごとを理解するようになる。 ● 気の合う友だちと一緒に遊びたがる。	● 自己主張が強くなり、子ども同士のトラブルが増える。 ● 保育者の仲立ちで、徐々に相手の気持ちを気づけるようになっていく。	

3歳児は、満3歳～4歳になるまでの時期を指します。この時期は基本的な生活習慣がほぼ身につき、言葉が豊かになってきますが、一方でまだ自分を中心に考える時期でもあります。
また、個人差もありますのであくまで目安であるととらえておき、指導計画作成の際に配慮する必要があります。

▶ ～4歳

	・はしの正しい持ち方を覚えようとする。 ・配膳や片づけ、机を拭くなどをやってみようとする。	・食べこぼしながらも、はしを使って食べるようになる。 ・苦手な食材も友だちが食べていると興味をもつ。
	・眠れないことを不安に思う子どもがある。 ・眠くなったときに自分で「眠い」と訴えることができるようになる。	・休息の必要性を理解できるようになる。 ・パジャマやふとんを自分でたたもうとする。
	・保育者の声かけで、嫌がらずにトイレに行くようになる。 ・一人で排泄はできても、保育者にそばにいてほしがる子どももいる。	・尿意を感じたとき、一人でトイレに行くようになる。 ・パンツを引き上げられる子どもが増える。
	・友だちと生活や遊びのなかで会話をすることを楽しむようになる。 ・大人の言葉や言い方をまねる。	・語彙が1,500程度に増える。 ・自分の行動の理由を話したり、言い訳をしたりする。
	・反射神経が発達する。 ・「～しながら～する」といった2つの動作を同時にできるようになる。	・遊具を使うなかで力のコントロールができるようになる。 ・押す、ける、引っぱるなどの運動機能が高まる。
	・年上の子のまねをしたり、年下の子にやさしく接しようとする。 ・ルールを守る気持ちよさを感じるようになる。	・友だちを励ましたり応援したりすることに喜びを感じるようになる。 ・友だちの輪に入る子、入らない子の個人差が出てくる。

指導計画には どんな種類があるの？

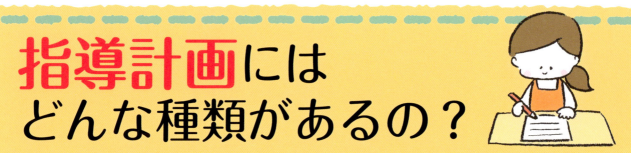

指導計画にはどんな種類があるのでしょうか。立てる時期と、種類について見ていきましょう。

1. 何を、いつ計画するの？

❶年度の最初に立てるもの
——年間指導計画・食育計画・避難訓練・保健計画

年度のはじめ（あるいは前年度末）に立てる指導計画の代表は、年間指導計画です。年間指導計画は、年齢別に1年間の主な活動を見通すもので、「全体的な計画」（幼稚園、認定こども園の場合には教育課程も）をもとに、季節の行事を考慮しながら記載します。全体的な計画は、毎年さほど大きく変わることはありませんので、年間指導計画も前年度のものをベースとして作成します。ただ、保育所保育指針が改定されたなどの際には、計画を再度検討することが必要となり、それに伴い年間指導計画も見直しを検討します。立案の際には12か月を見渡し、行事が多すぎる月がないかバランスを見ることも重要です。

食育計画や避難訓練、身体測定や健康診断などの保健計画も基本的には前年度の計画をもとにし、年度の最初に立てます。これらの計画は、外部の関係者とのスケジュール調整が必要なため、年度はじめには確定できない場合がありますが、実施する時期の目安は決めておきます。▶くわしくは28、29ページ

❷月ごとに、あるいはもっと短期のスパンで立てるもの——月案、週案、日案、個人案

月案は毎月の具体的な指導計画で、年齢ごと、またはクラスごとに作成します。大体の場合、年度初めに3か月〜半年分ほど作成し、その後はクラスの状態を見ながら調整していきます。

週案は前週の終わりに作成するため、柔軟性のある計画づくりを心がけましょう。天候や子どもの状況などを見ながら作成していきます。

個人案は、障がいのある子どもなど、特別な配慮が必要な子どもに対し、個別で作成するものです。家庭や関係機関と連携しながら計画を立案することが大切です。いずれも、子どもの日々の状態をよく観察しながら、次の計画作成へと生かしていくことが大切です。

> 先週は雨で室内で遊ぶことが多かったから、今週は外での活動を増やそう。

4月	年度の最初（年度末）に立てるもの

- 年間指導計画
- 食育計画
- 保健計画
- 避難訓練計画

4月〜3月	月ごとに、あるいはもっと短期のスパンで立てるもの

- 月案
- 週案
- 日案
- 個人案

青文字…長期の指導計画　赤文字…短期の指導計画

❸振り返り

指導計画作成、日々の保育活動を充実したものにするうえで、振り返りは大変重要な要素です。園は、子どもたちがともに生活しながら心身ともに健やかに成長していくための場です。活動を滞りなくこなしていくのではなく、「ねらい」の達成のための環境構成や保育者の関わりが適切であったかを立ち止まって考え、明日の保育に生かしていくことが大切です。

振り返り

前月の計画 → 計画の立案 → 振り返り

2. 年間指導計画とは？ 月案とは？

❶年間指導計画とは？

どんな計画？
年間指導計画とは年齢ごとに、各園の全体的な計画に沿いながら作成する計画です。

1期 4〜6月
2期 7〜9月
3期 10〜12月
4期 1〜3月

どんな内容？
1年間の園の行事を念頭に置きながら、1年のなかでどんなことを経験し、達成させたいかについて考慮しながら期ごとに立案していきます。

誰が立てるの？
園長（施設長）が中心となって保育者全員で作成します。

大切なこと
大きな行事以外にも、水遊びや木の実拾いなど季節の遊び関連、また「こういう体験をしてほしい」といった園の方針を踏まえた活動計画を加えていきます。

▶ 年間指導計画の見方は 30、31 ページ

❷月案とは？

どんな計画？
月案とは、年間指導計画をもとにした年齢ごと、あるいはクラスごとにつくられる月単位の計画です。

どんな内容？
必須となる活動を配置しながら、「ねらい」を達成するための活動内容、環境構成など具体的な計画を記します。

誰が立てるの？
主任の保育者を中心に、実際に日々子どもたちに接しているクラス担任が話し合い、クラスの特徴や状況に合った計画を立てます。

大切なこと
年間の目標を達成するための段階が踏めているかどうか、長期的な視点を忘れないように注意します。月案は必ず、計画、実践、評価、改善の手順で次の月に計画を生かしていきましょう。

▶ 月案の見方は次ページ
▶ 週案・日案のポイントは 22、23 ページ

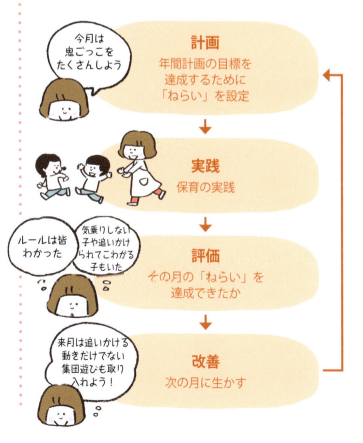

月案の見方のポイント

月案は、年間指導計画をもとに、大きな行事を軸としながら作成します。
子どもたちが充実した園生活を送れるよう、
その時期の発達の特性に合った活動と援助を考えます。
季節感に富んだ活動を意識することも大切です。

前月末の子どもの姿
各月の活動を考えるにあたっては、そのときどきの子どもの状態や興味を踏まえることが重要になります。一人ひとりの姿を観察し、浮かびあがってきたことを具体的に書きます。

ねらい
年間指導計画のねらいと、現在の子どもの姿を踏まえて考えます。発達のようすや季節感を考慮して作成します。

内容
「ねらい」を達成するためには、子どもにどのような経験をさせたいか、具体的な活動や体験の内容を書きます。

職員との連携
計画を実践していくうえで必要な共通認識、保育者やほかの職員間の役割担当、特に重視すべき連絡事項について書きます。

家庭・地域との連携
保護者や地域とともに子どもを育てていくという立場から、共有すべき事柄について書きます。各家庭、地域の方々と信頼関係を築くことを目的とします。

4月 月案・みかんぐみ　保育所

CD-ROM → 3歳児_月案
→ p44-p49_4月の月案（みかんぐみ）

4月　みかんぐみ　月案
担任：A先生

今月の保育のポイント
新しい環境に不安を示す子どもが多い4月は、ゆったりとした気持ちで過ごせるようにします。トラブルがあったり、子どもが不意に泣き出したりした際にはスキンシップをとりながら、個々の気持ちをしっかり受け止め、子どもたちが落ち着ける環境づくりをめざしましょう。

今月はじめの子どもの姿
- 新しい環境や保育者に慣れず、不安そうな顔を見せる姿が多くあった。
- 好きな遊びをとおして、友だちと関わろうとする姿が見られた。

[5領域]
健康 ✚
人間関係 ♥
環境 🌱
言葉 💬
表現 ♪

ねらい	内容
✚♥ 保育者と一緒に好きな遊びを楽しむ。	✚♥ 保育者とふれあったり、一緒に遊んだりすることに楽しさを感じる。
♥ 保育者や友だちに興味をもって関わろうとする。	♥ 手をつないで散歩をしたり、同じ遊びをしたりして友だちと楽しくふれあう。
🌱 自然散策を行い、春を告げる植物や生き物と出会う。	🌱 園庭や公園で、春の草花や虫などをみつけることを楽しむ。
✚♥ 1日の生活の流れを知って、自分から活動しようとする。	✚♥ 1日の簡単な流れを理解し、自分でトイレに行ったり、手洗いをしようとする。
♥💬 受け止めてもらえる安心感のなかで、保育者に自分の思いを伝えようとする。	💬 したいこと、してほしいことを言葉と動き、表情で保育者に伝える。
♪ お絵描きや製作を楽しむ。	♪ こいのぼりの形の紙に、思い思いに色を塗って、こいのぼりを製作する。

職員との連携
- 前年度の担任から、子どもの性格、配慮すべき点などを聞き、新年度の保育方針について共有する。
- 保護者からの要望や連絡事項などを共有する。
- 新年度にあたり、それぞれの役割を確認しながら体制を整えていく。

家庭・地域との連携
- 園での様子を伝えるとともに、家庭での様子を聞き、ともに成長を見守る意識を共有する。
- 新年度にあたって保護者の事情などを聞きながら、信頼関係を築く。
- 持ち物への記名をお願いする。

養護のねらい
前月末の子どもの姿を踏まえながら、生命の保持と情緒の安定の視点から意識すべきことを書きます。

健康・安全への配慮
心身の健康を守るうえでの留意点について書きます。感染症がはやる時期の対策、予定している活動で注意すべき事柄を想定します。

行事
季節の行事、誕生会、避難訓練など、園でその月に行われる行事を書きます。

環境構成
「内容」を実現するために必要な物的環境（必要な道具）、空間の準備、人員の配置について書きます。

保育者の関わりと配慮事項
保育者が子どもたちに体験や活動を「させる」のではなく、子どもが自発的に行えるには、どのように関わるべきかを書きます。子どもの発達、感情面の安定にも留意して考えます。

反省・評価のポイント
その月が終わったあと、「ねらい」を達成できたか、そのための援助を行うことができたか、また立案そのものが適切であったかなどを振り返ります。この内容を、翌月の活動に活かしていきましょう。

食育
豊かな食の体験をし、食べることを楽しみ、興味をもてるような計画を考えます。行事食や旬の食材などにも配慮します。

[10の姿（幼児期の終わりまでに育ってほしい姿）]
健…健康な心と体　自…自立心　協…協同性　道…道徳性・規範意識の芽生え　社…社会生活との関わり　思…思考力の芽生え
自然…自然との関わり・生命尊重　数…数量や図形、標識や文字などへの関心・感覚　言…言葉による伝え合い　豊…豊かな感性と表現

4月　月案・保育所・みかんぐみ

養護のねらい
- 新しい環境に慣れ、安心して過ごせるようにする。
- 園生活の流れがわかるよう、活動の節目で声かけをしたり、行動を促したりする。

健康・安全への配慮
- 緊張や不安から体調を崩しやすいので、小さな兆候を見逃さないようにする。
- 施設全体、遊具の安全点検を行う。
- アレルギーや持病の有無などについて把握し、対応のしかたを職員間で確認しておく。

行事
- 進級お祝い式
- 身体測定
- 誕生会
- 避難訓練
- 職員会議

環境構成	保育者の関わりと配慮事項
・子どもと1対1で関わる時間をとる。	・一人ひとりとていねいに関わり、安心して新しいクラスで遊べるようにする。
・一人遊びを楽しんでいる子どもは無理に集団遊びに誘わず、近くで見守る。	・全体を見て、新しい友だちとふれあえるような機会を意識的につくりだす。
・春についての絵本を用意して、草花や虫のかわいらしさ、おもしろさに関心をもてるようにする。	・子どもの気づきや驚きやつぶやきを受け止め、共感する。
・トイレの場所や使い方、手洗い・うがいの正しい方法がわかるように、ポスターなどを掲示する。	・活動の節目に声をかけ、トイレに行くことや手を洗うことに自分で気づけるよう導く。
・ゆったりと関わり、安心して思いを伝えられるようにする。	・思いを受け止め、少しずつ思いを伝えられるよう援助する。
・クレヨンや絵の具など、子どもたちが扱いやすい画材を用意する。	・好きな色の画材を選びつつ、「自分でできた」という達成感が味わえるように支援する。

食育
- 食事の前の手洗いや、食前食後のあいさつをする。
- 保育者や友だちと楽しく食事をする。

反省・評価のポイント
- 期待をもって登園し、楽しい気持ちになれる環境をつくることができたか。
- 身のまわりのことを自分でしようとする気持ちを受け止めながら、適切に援助できたか。

月案の項目別・指導計画のポイント

月案は、月の単位で区切った計画です。月案を作成する際は、クラス全体を見渡すとともに個々の発達の違いにも配慮しながら計画を立てていきます。

① 前月末の子どもの姿とは　保育者視点・過去形

「前月末の子どもの姿」は、前月にクラスの子どもたちが**どんな体験をし、そのなかでどのような成長があったかを保育者を主語として**記すものです。発達や体験の様子や集団としての姿がわかるように具体的に書きます。

表現のポイント

子ども一人ひとりの状況やクラスの雰囲気がわかるように書くことが大切です。ネガティブな表現になりすぎることは、避けましょう。

- ⭕ 自分の思いが通らず手が出てしまう姿が見られたが、保育者が気持ちを受け止めることでしだいに我慢できるようになった。
- ❌ 自分の思いが通らず、手が出る子どもがいた。

② ねらいとは　子どもの姿・現在形

「ねらい」は、各月の、**子どもたちに身につけてもらいたい力、体験してもらいたいこと**を示すものです。年間計画のねらいを達成するうえで各月にどのようなねらいを設定するか、または前月の子どもの発達や体験を踏まえてどう展開するか、2つの側面を考えて計画します。保育者が設定するものの、厳密には子ども自身のねらいですので、子どもを主語にして記します。

表現のポイント

従来は、心情（〜を楽しむ／〜を味わう）・意欲（〜しようとする）・態度（身につける／集団で〜する、ていねいに〜する）の要素を入れる、とされていましたが、それに加え今後は、「感じる」「気づく」「わかる」といった表現を使うとよいでしょう。単なる活動の列挙ではなく、子どもの自発的な姿を具体的に記します。

- ⭕ 保育者や友だちに興味をもって関わる。
- ❌ 友だちと手をつないで散歩する。

○ 養護のねらいとは　保育者視点・現在形

「養護のねらい」は、**子どもの生命の保持、情緒の安定をはかるために必要な「保育者の関わり」**について、保育者視点で書きます。子ども一人ひとりの発達の状況や集団としての姿を想定したうえで、感染症対策や生活や遊びの環境づくりのなかで気をつける点について記します。また、子どもたちが安心して自分の気持ちを表せるような保育者の関わり方についても書いていきます。

表現のポイント

養護は子どもたちが生活するための基礎となるものです。常に安定していることが大切ですので、養護のねらいは数か月にわたって同じこともあります。

> 保育者視点 …… 保育者の視点で文章を書く。　子どもの姿 …… 子どもの姿を書く。
> 現在形 ・ 過去形 ……それぞれ現在形（～である）、過去形（～であった）で文章を書く。

③ 内容とは　子どもの姿 ・ 現在形

「内容」は、「ねらい」を達成するために経験させたい姿を具体的に書きます。この際、個々の運動能力の発達、体力、季節感、またクラスの子どもたちがどのような遊びを好んでいるかなどを踏まえることも必要となります。保育者が援助しつつも、活動する主体は子どもですので、子どもを主語にして記します。

表現のポイント

「ねらい」よりも具体的に書くことが大切です。実際の活動と絡めて書いていきましょう。

- ○ ブランコ、すべり台、ボール遊びなど、戸外で好きな遊びを楽しむ。
- × 戸外でのびのびと体を動かして遊ぶ。

月案の「ねらい」と「内容」は、5領域（▶9ページ参照）に沿って作成することが大切です。以下のマークを参考にしましょう。

健康✚＝心身の健康に関する領域
人間関係♥＝人との関わりに関する領域
環境♣＝身近な環境との関わりに関する領域
言葉●＝言葉の獲得に関する領域
表現♪＝感性と表現に関する領域

▶幼児期の終わりまでに育ってほしい10の姿のマークについては10、11ページを参照

---

④ 健康・安全への配慮とは　保育者視点 ・ 現在形

子どもたちの生活面の基盤を支えるために重要な事項となります。健康や安全といった項目は、「養護」とも密接に関わってくるものです。「養護のねらい」の項目と内容が重なることもありますので、共通の項目としてもかまいません。しかし、自然災害だけでなく、不審者による事故も目立つ昨今は、とりわけ安全対策に重きを置く必要があります。かつては「行事」の項目に書かれていた避難訓練、防災訓練も、このたびの保育所保育指針改定で重視されていますので、この項目に避難訓練に関する詳細な配慮事項を特記します。

健康
- 感染症の予防
- 感染症が発生した際の対応
- 健康増進

安全
- 危険を防ぐための留意点
- 避難訓練、防災訓練

5 環境構成とは　保育者視点・現在形

「環境構成」では、「ねらい」を達成するために必要な環境をいかに構成するかを、保育者視点で記します。人的環境である保育者の声かけや援助については、❻の「保育者の関わりと配慮事項」に書きます。環境を準備するのは保育者ですが、あくまで子どもたちが主体性を発揮できるための環境構成です。

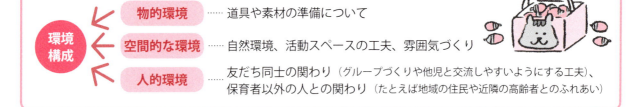

環境構成
- 物的環境……道具や素材の準備について
- 空間的な環境……自然環境、活動スペースの工夫、雰囲気づくり
- 人的環境……友だち同士の関わり（グループづくりや他児と交流しやすいようにする工夫）、保育者以外の人との関わり（たとえば地域の住民や近隣の高齢者とのふれあい）

6 保育者の関わりと配慮事項　保育者視点・現在形

「保育者の関わりと配慮事項」とは、活動の過程で、子どもの気持ちを受容したり共感したりしながら、必要に応じて行う働きかけのことです。常に子どもと同じ目線に立ち、子どもの行動や言葉を受け止めたうえで意思のキャッチボールをする、提案をして子どもが自分で答えを導き出せるようにいざなうなど、子どもがみずからものごとに関わっていく主体性を引き出せるような関わり方を考えながら、保育者視点で書きましょう。先回りして手を出しすぎることなく、また情緒の安定や安全に配慮しながら対応することを意識します。

表現のポイント

この項目は、「～させる」という表現をなるべく避けることが、子どもの主体性を引き出す姿勢にもつながっていきます。

7 職員との連携とは　保育者視点・現在形

長時間保育では、登園・降園で担当の保育者が異なることがあるため、子どもや保護者に対する伝達事項や情報を共有し、引き継ぎをしっかりと行うことが必要です。「職員との連携」では、日々の連絡事項に加え、行事の際の役割分担など、活動のなかの共通理解について、保育者視点で書きます。感染症、体調不良の子どもが出やすい時期などは特に申し合わせや情報管理が重要となります。保育者同士だけでなく調理師、嘱託医、看護師、保健師との連携体制についてもここに記します。

月案の項目別・指導計画のポイント

8 家庭・地域との連携　保育者視点・現在形

　日ごろから健康状態や成長の様子を細かく報告し合い、家庭との信頼関係を築くことが大切です。保護者の方々とともに子どもを育てる意識をもって、保護者の方にお願いすることや知っておいてほしい事柄を記します。

　地域の方々との連携については、運動会や行事の際にあらかじめ告知をしておき、園の活動を知ってもらうようにして、トラブルの防止や良好な関係の構築につなげます。そのほか、地域の夏祭りの際に自治会と連携するなど、地域の方々との交流をもつことが、園に通う子どもたちを「みんなで見守る」環境づくりにつながります。

9 食育　子どもの姿・現在形

　「食育」は、「ねらい」や「内容」と重なる部分もあります。食育というと、「行事食を楽しむ」「食材の名前に興味をもつ」などの項目があげられることが多くなりますが、基本的には「おいしさを感じて食べることを楽しむ」「積極的に食べようとする」ことを軸としていきましょう。早いうちから食事マナーに力を入れる園もありますが、就学前の段階で最も大事なのは、食事を楽しむ心を育てることです。そのための取り組みや工夫、季節感のある食体験について考え、子どもを主語にして書きましょう。

10 反省・評価のポイント　保育者視点・過去形

　月の終わりに月案を振り返り、「ねらい」を達成できたか、子どもがどのような体験をしてどのような力が育ったか、適切な援助ができたかなど、保育者が自身の保育に対する反省と評価を記します。反省・評価の対象になるのは「子どもが〜できたか」ではありません。子どもたちの活動の様子、子どもの発達に対して、保育者がどのように関われたのか、環境づくりや立案、援助のしかたなどについてうまくいったこと、無理があった点を冷静に振り返ります。この反省と評価は、次月、そして先々の計画づくりの大事な根拠となっていきます。

週案・日案について

ここでは、保育者の日々の保育と大きく関わってくる短期の指導計画である、週案・日案について見ていきましょう。

1 週案とは

● どんな計画？
週案は、1週間という単位での子どもたちの計画です。基本的には、月案の「ねらい」をベースに立てていくものです。

● どんな内容？
週案は、1週間の生活の流れで活動を見ていくための計画です。大きな行事に関連する活動以外は、子どもたちの活動状況を見ながら、その週の遊びや生活の目標を立案していきます。

● 誰が立てるの？
クラスの担任の保育者が、前の週の終わりに、今週のクラスの様子を振り返って翌週分の案を立てます。

● 大切なこと
週案は、柔軟性をもたせることが大切です。週の活動は、天候や子どもたちの体調にも左右されます。変更したり、順番の入れ替えをしたりするなどして、活動がバランスよく展開されるようにしましょう。

2 日案とは

● どんな計画？
日案は、1日の単位での子どもたちの計画です。その日に行う活動や遊びについて、時間に沿って、流れを記入していくものです。

● どんな内容？
今日はこのような生活にしたい、このような体験をしてほしいなど保育者の願いをこめて計画を立案します。そのうえで、実際の子どもの姿を見ながら変更したり書き足したりしていきます。

● 誰が立てるの？
クラスの担任の保育者が前日の子どもの姿を振り返りながら立てます。毎日新しい計画を立案していくのは負担が大きいので、週単位で、おおまかな活動内容がすでにプリントされているものに、担任が書き足していくという場合もあります。

● 大切なこと
週案と同様、柔軟性をもたせることが大切です。子どもの実態をよく観察し、活動を変更したり、玩具や用具を足したり、環境構成図に書き込みを入れたりすることが大切です。

❸ 週案、日案で取り入れたい3歳児の遊びとは

　日々の保育では、子どもの発達に即した遊びを計画することが大切です。ここでは、3歳児の遊びの例について取り上げます。

● 体を動かす遊び
ボールを投げたり、的に当てたりする遊び
走ったり、登ったり、とんだりする遊び（追いかけっこ、巧技台、鉄棒、マットなど）
保育者が鬼になっての鬼ごっこや陣とりなど、簡単なルールのある集団遊び
音楽に合わせてさまざまな動きをするリズム遊び

● ごっこ遊び
気の合う友だちとの見立て遊び、ごっこ遊び
（年の後半には）セリフのある劇遊び

● 表現する遊び
クレヨンや絵の具を使って自由に描く遊び
動物のまねをするなど声や動きで表現する遊び
音楽に合わせてすずやカスタネットを鳴らす遊び

● 作品をつくる遊び
自分なりのイメージで好きなものをつくる遊び
季節に関連した製作遊び
行事に向けての製作遊び

column　はじめて指導計画を立てるときのポイント

　この春からはじめて担任になり、はじめて指導計画を立てるという方もいるでしょう。はじめて指導計画を立てるときには、どのようなことがポイントとなるのでしょうか。

①学生時代に学んだ資料を活用する

　いざ保育の現場に立つと、はじめての体験ばかりで困惑しがちですが、そんなときは学生時代に慣れ親しんだテキストや実習ノートを開きましょう。園によって力を入れていることや方針に違いはあっても、基本はかつて学んできたことのなかにあります。保育者という職業に憧れ、地道に勉強を重ねてきた努力に自信をもって計画を立ててみましょう。

②わからないことは先輩に聞く

　何を書いてよいかわからなかったり迷ってしまったりしたときは、一人で悩まずに、できるだけ早く先輩の保育者に聞くのが一番です。「忙しそう……」と遠慮してしまいがちですが、聞かれなければ、何がわからないのかがわかりませんから、遠慮せずに聞きましょう。園の方針や決まったフォーマットなどもありますから、慣れている人に聞くのが早道です。

③目の前の子どもたちをよく見る

　そして何よりも、目の前の子どもたちをしっかりと見ることが重要です。次の週に反映させていく子どもたちの表情の変化やちょっとした成長に目配りし、記録していくほどに、変化に気づく目も養われていきます。子どもたちができるようになったことをともに喜び、気づいたことを翌月、翌週の計画にいかに反映させていくかを意識することで、一人ひとりの子どもたちに合った計画がつくれるようになります。

週案の見方のポイント

週案では、1週間の活動の連続性を意識することが大切です。
季節の特徴や子どもの姿を見て柔軟に変更できる余地を残しましょう。

予想される子どもの姿
先週のクラスの様子を振り返り、子どもたちの興味がどこにあるか、何を求めているかを考えて記します。また、子どもたちの健康面の状況についても配慮します。

活動予定
この日のメインとなる、大まかな活動を書きます。

内容
「活動予定」の具体的な内容を、生活と遊びの両面から考えます。子どもたちの発達状況、興味に合った内容を計画します。

環境構成
「内容」を実践するために必要な道具、集中できる空間づくりについて書きます。

4月 週案・みかんぐみ　保育所

CD-ROM → 3歳児_週案→p50-p51_4月の週案

進級・新入園

4月　みかんぐみ　週案
担任：A先生

予想される子どもの姿
● 新しい環境に不安を覚え、泣く姿や落ち着かない様子が見られる。
● 春の草花や虫などに興味を示し、保育者に「これは何？」と問いかける。

	4月○日（月）	4月○日（火）	4月○日（水）
活動予定	園庭遊び（固定遊具、砂場遊び）　この週は園庭を使って、さまざまな遊びを体験します。	室内遊び	園庭遊び
内容	▲遊具の遊び方、遊ぶときの約束ごとを知る。 ♥保育者や友だちとふれあう楽しさを味わう。	♥自分の好きな遊びをみつけて楽しむ。	✚♥保育者や友だちと追いかけっこをして体を動かして遊ぶ。
環境構成	● 安心感をもって遊べるよう子どもの視界に入る場所で見守る。 ● 遊びの前に約束事や安全な遊び方を伝える。	● すべての子が使いたいものを使えるように玩具の数は多めに用意しておく。 ● 一人ひとりのスペースをゆったりととり、集中して遊びこめるようにする。	● 十分なスペースをとって遊べるよう、他のクラスと園庭の使用時間についてあらかじめ調整しておく。
保育者の配慮	● 遊具の安全な遊び方や約束を守る姿を認め、約束を守ろうとする気持ちを育てる。 ● 保育者と好きな遊びをじっくりと楽しめるようていねいに関わる。	● 一人ひとりが居心地のよさを感じて、落ち着いて過ごせるように援助する。	● 一人でいることが多い子どもはタイミングを見て保育者が誘いかけ、一緒に体を動かすことを楽しめるようにする。 ● 皆で遊ぶ楽しさを感じられるよう、保育者も楽しんでいる姿を見せる。

マーク

週案の「内容」は、5領域（▶9ページ参照）に沿って作成することが大切です。マークを参考に作成しましょう。
健康✚＝心身の健康に関する領域
人間関係♥＝人との関わりに関する領域
環境♣＝身近な環境との関わりに関する領域
言葉●＝言葉の獲得に関する領域
表現♪＝感性と表現に関する領域
また、幼児期の終わりまでに育ってほしい10の姿も念頭に置いておきましょう。 健 自 協 道 社 思 然 数 言 感

ねらい

月案のねらいをベースに、活動を具体的に記します。前週との連続性やバランスも意識しましょう。

振り返り

1週間の活動を振り返り、子どもの姿について気づいたこと、保育者の環境構成や援助が適切だったかを記します。保育者自身の反省点や課題なども記録しておくと、今後の参考になります。

[5領域] ✚…健康 ♥…人間関係 ♣…環境 ●…言葉 ♪…表現
[10の姿（幼児期の終わりまでに育ってほしい姿）]
健…健康な心と体 自…自立心 協…協同性 道…道徳性・規範意識の芽生え 社…社会生活との関わり 思…思考力の芽生え
然…自然との関わり・生命尊重 数…数量や図形、標識や文字などへの関心・感覚 言…言葉による伝え合い 感…豊かな感性と表現

🎯 ねらい

✚♥新しい環境に慣れ、安心して過ごす。健
♥保育者や友だちと関わり、親しみをもつ。協
✚♣好きな遊びをみつけて楽しむ。健

✓ 振り返り

はじめは不安そうな様子の子どもが多かったが、遊びを楽しむなかで落ち着いて過ごせるようになっていった。気の合う友だちをみつけられるきっかけづくりを意識していきたい。

	4月○日（木）	4月○日（金）	4月○日（土）
	園庭遊び（園庭の自然物をみつける）	園周辺散歩（園近くの公園の散策）	異年齢保育 室内遊び
	木曜日は園庭、金曜日は園近くの公園と、フィールドをひろげて自然物とのふれあいを楽しみます。		
	♣園庭で、春の草花や虫などをみつけて観察したり、ふれたりする。然	✚♥友だちや保育者と手をつないで公園まで歩く。健協 ♣公園で自然物を見たりふれたりして楽しむ。然	♥♣絵本や歌遊びで異年齢児との関わりを楽しむ。協社
	●事前に園庭の春の草花をはじめ、アリやダンゴムシなどの虫の居場所を確認しておく。	●公園への行き帰りはけがや事故のないよう交通安全に留意する。 ●タイミングを見て、クローバーの花輪やおおばこずもうなどで遊ぶことを提案する。	●絵本の読み聞かせ、歌、指遊びなど好きな遊びを選べるようにし、年長児とともに心地よく過ごせるようにする。
	●虫について、適切な観察のしかたやふれ方を伝える。 ●子どもの発見や驚きを受け止めて共感を示し、より散策への意欲がわくようにする。	●公園への行き帰りや自然物を取り入れた遊びの際に子ども同士のやりとりが生まれるよう声かけや働きかけをする。	●歌や指遊びなど、年長児の様子を見ながら、自分もやってみたいと思えるように支援する。

4月 週案・保育所・みかんぐみ

週案で使われる表現

戸外（こがい）…園庭や公園などの室外のこと。

固定遊具…ブランコ、すべり台、ジャングルジムのこと。

異年齢保育…異なる年齢の子どもを一緒に保育すること。

保育者の配慮

子どもが自発的に活動しようとする意欲を引き出すための、保育者の具体的な関わりについて書きます。健康面・安全面にも留意します。

日案

**5月○日
みかんぐみ**

ねらい	● 好きな遊びをみつけて自分なりに遊んだり、保育者と関わったりする。 ● 手洗い・うがいを自分から行おうとしたり、保育者と一緒に行ったりする。
内容	● 戸外で砂の感触を楽しんだり、体を動かしたりして遊ぶ。 ● 腕まくりをしたり、水を出したりなどの手洗いの手順がわかり、自分からしようとする。

ポイント
その日に経験する生活や遊びを具体的に書きます。

ポイント
その日にこのような生活や体験をしてほしいということを書きます。

ポイント
1日の活動予定について、時間に沿って書きます。

ポイント
その日のねらい、内容を実現するために必要な道具、空間づくりについて書きます。

時刻	1日の生活の流れ	環境構成	
9:00	● 登園 ・保育者や友だちと元気にあいさつする ● 自由遊び（保育室） ・ままごと、積み木など	● 子どもたちの登園前に室内の空気を入れ替える。 ● 前日の遊びの続きができるよう玩具を配置しておく。 ● 玩具が不足しないように用意しておく。	
9:30	● 片づけ、トイレに行く ● 手洗い・うがい ● おやつ	● 片づけやすいように目印をつけたかごや箱を用意しておく。 ● おやつを落ち着いて食べられるように時間を設定する。	
9:50	● 園庭遊び ・砂遊び、植物観察、鉄棒	● 安全に遊べるように事前に砂場に危険なものがないか確認しておく。 ● 拾った花や葉っぱなどを分類したり、見立てて遊んだりできるよう色画用紙やテープ、ペン、箱を用意しておく。	
10:20	● 入室、手洗い・うがい	● 石けんを子どもの手が届くところに置いて、すすんで手洗いできるようにする。	
11:10	● 昼食	● 友だちと楽しく食事できるような雰囲気をつくる。	
12:00	● 手洗い、歯磨き、トイレ	● 洗面所を清潔に保つ。	
15:00	● 午睡 ● 起床、着替え ● 自由遊び（保育室） ・絵本、ブロック	● 落ち着いた雰囲気で午睡できるようカーテンを閉め、オルゴール音楽のCDをかける。 ● 着替えを棚に用意しておく。 ● 自分の好きな絵本を選べるよう、手の届くところに置く。	
17:00	● 随時降園		

○ CD-ROM → ■ 3歳児_日案

ポイント
1日の活動を振り返り、その日のねらい、内容を実現することができたかどうかを見るためのポイントを書きます。

ポイント
園庭、保育室の配置図を書きます。園庭の遊びの状況や、コーナーごとの遊びを把握するために、あとから書き足したりすることもあります。

反省・評価のポイント
- 自分の好きな遊びをみつけ、自分なりに動いたり保育者と関わることを楽しんだりできるような援助ができたか。
- 手洗い・うがいのしかたをわかりやすく示し、やってみたいと思えるような言葉がけができたか。

保育者の援助	環境構成図
● あいさつをしながら子どもの健康状態を観察する。 ● 自分で取り組んでいることを認め、危険がないよう見守る。 ● 遊んだあとやトイレのあとは手洗いするように声かけをする。 ● おやつを楽しみながら食べられるようそばで見守る。 ● 遊びの様子を見守り、危険なときには声をかけて安全な遊び方を伝える。 ● 植物に対する質問に答えながら、興味や関心をもてるようにする。 ● 正しい方法をまねできるように、保育者が一緒に手洗い・うがいをする。 ● 会話を楽しみながら食事をできるよう、保育者も話に加わる。 ● 一人ひとりの歯みがきの様子を確認する。 ● 時間を決めて、子どもたちの様子を確認する。 ● 自分でできないときには着替えを手伝い、手順を覚えられるようにする。 ● 絵本の内容を問いかけ、子どもが本に興味をもつように働きかける。 ● 延長保育への引き継ぎを行う。	園庭  保育室 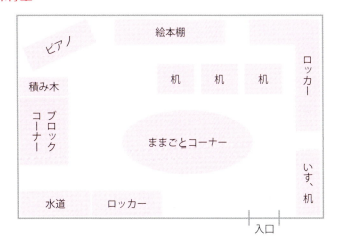

年度の最初に立てる計画のポイント

●年間指導計画 ●教育課程 ●食育計画 ●保健計画 ●避難訓練計画 ●学校安全計画

年度の最初に立てる計画は園全体のカリキュラムと関わっているものが多く、
指針・要領改定の影響を大きく受けます。改定で変わった点と立案の流れ、ポイントを見ていきましょう。

1 年間指導計画立案の流れとは？

年間指導計画は、全体的な計画（これまでは保育課程と呼ばれていたもの）、（幼稚園・認定こども園ではそれに加えて）教育課程をもとに作成されます。通常の場合は前年度のものをベースに作成されますが、指針と要領が改定されたときにはカリキュラムや園の目標そのものが見直されます。それによって、年間指導計画にも当然、見直しの必要が出てくるのです。

指針・要領改定による流れ
指針・要領改定
↓
全体的な計画（幼稚園等では教育課程）の見直し
↓
年間指導計画の見直し

2 指針改定でどこが変わったの？ ポイントは？

では、どこが変わったのでしょうか。これまでは各園がそれぞれ保育目標を立てていましたが、今回、「10の姿」（●10、11ページ参照）が示されたことによって、「10の姿」をベースにした形で今後は目標が立てられることになります。

「10の姿」は、年長児になってから急にめざすものではありません。0歳児から5歳児までのさまざまな体験をとおして成長していくことでだんだんと向かっていくものですので、0歳児のときから最終的には「10の姿」がある、ということをイメージして、年間指導計画を立てていくことが大切になります。

● くわしくは、30、31ページへ

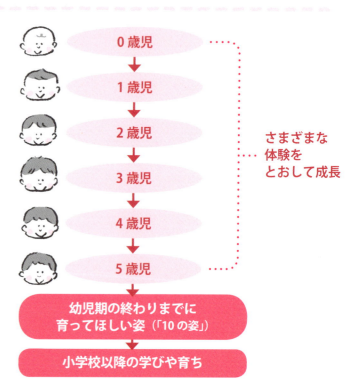

0歳児 → 1歳児 → 2歳児 → 3歳児 → 4歳児 → 5歳児

さまざまな体験をとおして成長

幼児期の終わりまでに育ってほしい姿（「10の姿」）

小学校以降の学びや育ち

3 食育計画はどんな計画？　どう変わったの？

　食育計画には、年間の食育計画と、短期の食育計画（▶月案の「食育」の項目を参照）があります。給食の献立自体は、調理員と栄養士が中心になって作成します。その献立や行事食をもとに、子どもたちの活動として、どのような食にまつわる体験をさせていくか、ということを食育計画に反映させていきます。改定により、食育の要素が5領域の「健康」のなかに入りました。食育計画だけでなく、ふだんの保育のなかでも食育の要素を意識することが大切です。

▶くわしくは、34、35ページへ

4 保健計画はどんな計画？

　保健計画は、健康診断や予防接種の日程を中心に立案していきます。3歳以上児では「自分自身の健康を考えて行動できるようになっていく」という視点が大切になっていきます。改定の影響はありませんが、重要な計画であることに変わりはありません。

▶くわしくは、36、37ページへ

5 避難訓練計画はどんな計画？　どう変わったの？

　避難訓練計画は、年のなかでどのような災害対策をするかを定める計画です。指針改定により、災害対策の重要性が盛り込まれました。火災、地震、不審者対応を想定した訓練のほか、地域によっては、津波の避難訓練も必要となります。

　3歳以上児については、避難訓練のしかたを理解し、落ち着いて避難できるようにしましょう。放送や保育者の指示はできるだけわかりやすいものにし、「おかしも」（おさない、かけない、しゃべらない、戻らない）、「いかのおすし」（行かない、乗らない、大声を出す、すぐ逃げる、知らせる）の約束を日ごろから伝えておきましょう。

▶くわしくは、38、39、42ページへ

6 学校安全計画はどんな計画？

　学校安全計画は、幼稚園、認定こども園で作成が義務づけられている計画です。学校安全には、幼児が安全な生活をするために必要なことを理解し、安全な行動ができるような態度や能力を育てる「安全教育」、安全確保のための環境を整える「安全管理」、園が家庭や地域と連携して安全教育と安全管理をすすめるための「組織活動」があります。この3つの要素について、計画を立てます。▶くわしくは、40、41ページへ

年間指導計画

● CD-ROM → 📁 3歳児_年間指導計画

> **ポイント**
> 年間目標とは、1年の最後にどのような姿になっていてほしいかを表すものです。

> **ポイント**
> 期は3か月ごとに区切って示されます。それぞれの期において予想される発達の段階や季節ごとの行事を考慮し、計画を作成します。

年間目標	● 基本的生活習慣を身につけ、自分のことを自分でする。 ● 自分の好きな遊びをみつけ、友だちと一緒に遊ぶことを楽しむ。	
期	**第1期** （4月～6月）	**第2期** （7月～9月）
ねらい	✚身のまわりのことを保育者と一緒に行い、園生活の流れを知る。健 ♥保育者や友だちに親しみ、安心して生活する。健協	✚園生活に慣れ、身のまわりのことを自分でしようとする。健自 ✚▲夏の遊びを十分に楽しみながら、自分のやりたいことをみつける。健自然
保育内容 健康✚・人間関係♥・環境▲・言葉●・表現♪	✚新しい環境に慣れ、安心して生活する。健 ✚生活の流れを知り、保育者と一緒に身のまわりのことをしようとする。健 ♥保育者や友だちに親しみをもつ。協 ●絵本や歌をとおして言葉に関心をもつ。言 ▲春の自然に興味や関心をもち、見たりふれたりして遊ぶ。自然感 ▲砂、どろ、水などの素材にふれて、感触を楽しみながら遊ぶ。自然感	♥生活の流れがわかり、保育者に見守られながら身のまわりのことを自分でしようとする。 ✚汗を拭く、水分補給するなど、夏の生活に必要なことを保育者に促され気づく。健 ♥遊びのなかで、順番を守る、交代するなど必要なルールを守る。道 ♪▲夏の遊びをとおしてさまざまな感触を繰り返し楽しむ。自然感 ♪▲夏の自然や生き物に親しみをもって関わる。自然感
養護及び関わりのポイント	● 安心して過ごせるよう子どもの思いや欲求をていねいに受け止める。 ● 安心して園生活が送れるよう、生活の流れをわかりやすく伝える。	● 清潔にする心地よさが感じられるよう、汗を拭く、着替えるタイミングについて折を見て声かけする。 ● 十分な休息と水分補給に留意し、健康に過ごせるようにする。
環境構成のポイント	● 安心して園生活が送れるよう、1対1で関わる時間をとる。 ● 身のまわりのことが自分でできるよう、持ち物の置き場所をわかりやすいマークで示す。	● 感触遊びが楽しめるよう、さまざまな素材（水やどろ、砂など）を準備しておく。 ● 安全に水遊びを楽しめるよう保育者の配置や役割分担に気を配る。
家庭との連携	● 保護者の不安な気持ちを受け止め、連絡を密にする。 ● 保護者一人ひとりとのコミュニケーションを大切にして信頼関係を深める。	● 基本的生活習慣の獲得のため、園での様子を伝えながら、家庭で協力してもらうよう呼びかける。 ● 保護者の心配ごとを受け止め、解決できるよう努める。

年間計画立案のポイント

年間指導計画とは、各園の全体的な計画に沿いながら、園全体の共通目標に向けて、子どもたちにどのような経験をさせ、どのような力を身につけてもらいたいかということを年齢ごとに示すものです。

	第3期（10月〜12月）	第4期（1月〜3月）	
	✚戸外で全身を使い、のびのびと遊ぶ。健 ♠秋の自然に親しみ、遊びに取り入れる。然思	✚進級することに期待し、意欲的に生活する。健自 ♥友だちと同じ遊びを楽しむ。協	**ポイント** ねらいは、それぞれの期で子どもたちに身につけてもらいたい力や、経験してもらいたいことを示すものです。
	✚手洗い・うがいの大切さを知り、自分からやろうとする。健自 ♠✚遊具や用具を使い、走る、とぶ、よじ登るなどさまざまな動きをして遊ぶ。健 ✚♥友だちと一緒に体を動かす楽しさを知る。健協 ♥■友だちと言葉や動きでやりとりをしながら遊ぶことを楽しむ。協言 ♠秋の自然に興味をもち、自然物を取り入れてつくったり、遊んだりする。然感	✚生活に必要な習慣を身につけ、意欲的に取り組む。健 ♥✚寒さに負けず戸外で体を動かし、友だちと一緒に遊ぶ楽しさを味わう。協健 ♥気の合う友だちとのつながりを感じながら遊ぶ。協 ♪■感じたことや経験したことを自分なりに表現する。言感 ♪冬の寒さや春の訪れを感じ、発見したり、驚いたり、遊びに取り入れたりする。感	**ポイント** 保育内容は、5領域に沿って、ねらいを達成するために子どもたちが体験することがらを具体的に示すものです。
	●活動のなかで、自ら安全を意識できるように言葉がけをする。 ●3歳児として無理なく行事に参加できるよう援助し、満足感が得られるようにする。	●感染症が発生しやすい時期なので、室内の温度や湿度に気を配る。 ●一人ひとりの成長した部分を認め、自信をもって進級できるようにする。	**ポイント** 養護及び関わりのポイントは、子どもたちがねらいを達成するために必要な保育者の関わりを示すものです。
	●個人差に配慮しながら運動遊びを設定し、無理なく体を動かすことを楽しめるようにする。 ●秋の自然が感じられるような場所を事前に探しておく。	●手洗いやうがい、感染症予防についてポスターや言葉で伝える。 ●冬の自然にふれたり、春の兆しを感じたりできるような遊びや活動を設定する。	**ポイント** 環境構成のポイントは、ねらいを達成するために必要な、保育者の準備や配置について示すものです。
	●園でできている生活習慣を伝えたり、家庭での様子を聞いたりして協力し合う。 ●友だち関係の不安や心配ごとを聞き、受け止めながら援助していく。	●感染症の予防について、家庭の協力を依頼する。 ●集団生活のなかで子どもが経験したこと、できるようになったことを伝え、成長をともに喜び合う。	**ポイント** 家庭との連携は、子どもたちがねらいを達成し、安心して園生活を送るため、保護者と連携しておきたい事柄を示すものです。

3歳児教育課程（幼稚園・こども園）

● CD-ROM → 📁 3歳児_教育課程

ポイント			
期 各園の子どもの実態に合わせて、期の数や時期を区切ります。	期	第1期 （4月〜5月中旬）	第2期 （5月中旬〜7月中旬）
期の意味づけ それぞれの期における子どもの姿を表しています。	期の意味づけ	保育者をよりどころとしながら幼稚園に親しみ、安心して過ごせるようになる時期	保育者をよりどころとしながら興味があるものをみつけ、安心して動き出せるようになる時期
ねらい それぞれの期で子どもたちに身につけてもらいたい力や経験してもらいたいことを表しています。	ねらい	● 新しい環境に慣れ、気に入った遊具や場で遊ぶことを楽しむ。 ● 保育者とふれあったり一緒に遊んだりすることに楽しさを感じ、親しみをもつ。 ● 保育者と関わりながら、幼稚園での生活のしかたを知る。	● 身のまわりの環境やさまざまな活動に興味をもち、関わって遊ぼうとする。 ● 保育者や身近にいる友だちとふれあい、一緒に過ごす楽しさを知る。 ● 所持品の始末や片づけなど、簡単な身のまわりのことを自分でしようとする。
保育者の姿勢 それぞれの期における保育者の姿勢や関わり方を示しています。	保育者の姿勢	● ありのままの姿を受け止め、信頼関係を築く。	● 一人ひとりの動きや気持ちに共感し、安心して自分の動きを出せるようにする。
家庭との連携 保育者と保護者との関わり方や連携しておきたい事項を示しています。	家庭との連携	（前期） ● 保護者の不安な気持ちを受け止め、わが子が温かく見守られているという安心感をもってもらえるように一人ひとりの保護者に誠意をもって関わる。 ● 保護者一人ひとりに話しかけ、コミュニケーションを大切にして信頼関係を築いていく。	

教育課程とは？

幼稚園や認定こども園（3歳児以上）の教育目標を達成するために、幼児の発達に即して、総合的に組織した教育計画のことです。教育基本法、学校教育法などの法令、幼稚園教育要領等、幼稚園教育要領解説等などの示す内容に従い、園や地域の実態も踏まえたうえで、各園で創意工夫して編成します。教育課程に沿って、長期・短期の指導計画も作成します。

誰が編成するの？

園長の責任のもと、全教職員で取り組むものです。そして、教育課程も指導計画も、毎年見直し・改善することが大切です。

第3期 （9月上旬～10月中旬）	第4期 （10月中旬～12月下旬）	第5期 （1月上旬～3月中旬）
好きなことやしたいことをみつけ、自分なりに遊ぼうとする時期	好きなことや興味をもてる遊びをみつけ、自分なりに遊びを楽しめるようになる時期	好きな遊びを繰り返しながら、保育者や友だちと関わる楽しさを感じていく時期
● 自分のしたい遊びをみつけて遊んだり、保育者や友だちと一緒に過ごしたりする楽しさを感じる。 ● 皆と一緒にする活動に楽しさを感じる。 ● 幼稚園の過ごし方がわかり、簡単な身のまわりのことを自分でしようとする。	● 自分がしたいことや新しい遊びをみつけて遊んだり、友だちと関わって遊んだりする。 ● 皆と一緒に活動するなかで、保育者やまわりの友だちの動きを見ながら、自分なりに動く楽しさを感じる。 ● 幼稚園での過ごし方がわかり、できることは自分でしようとする。	● 自分のしたい遊びを繰り返したり友だちと関わって遊んだりして、楽しさを感じる。 ● 友だちと一緒に動く楽しさを感じ、いろいろな活動に楽しんで参加する。 ● 幼稚園での生活のしかたがわかり、自分のことは自分でしようとする。
● 体を動かす遊び、簡単なルールのある遊びなど集まると楽しいと思えるような活動を取り入れる。 ● 子どもなりにできたことやがんばっていることを認める。	● 友だちと一緒にいることのうれしさに共感する。 ● トラブルなどのときには、子どもの思いをそのまま受け止める。	● 繰り返し遊べるよう環境構成に配慮する。 ● いろいろな友だちと関われるようにする。
	（後期） ● 集団生活のなかで子どもが経験していることや学んでいること、育ってきたこと、また家庭のなかで変わってきたことなどを伝え合い、子どもの成長をともに喜び合っていく。 ● 感染症の流行期でもあり、体調面には十分気をつけ、無理をしないで早めの休養を心がけるよう働きかける。	

食育計画

CD-ROM → 3歳児_食育計画

どんな計画なの？

食育計画とは、乳幼児期にふさわしい食生活が展開され、適切な援助が行われるようにするためのものです。食育計画は、保育所の全体的な計画に基づいて、年間計画や月案・週案とも関連づける形で作成されます。

誰が作成するの？

食育計画は、施設長（園長）の責任のもと、保育者、調理員、栄養士、看護師などの職員が協力して作成するものです。「食を営む力の育成」に向けて、創意工夫しながら食育を推進していくための基礎となるものです。

20○○年度　食育計画

園全体のねらい：「食に関心をもつ」「食を楽しむ」「食のマナーを身につける」

3歳児クラスのねらい：食事のマナーや食具の使い方に興味をもち、実践しようとする。

「園全体のねらい」とは
園共通の内容として、食やそれに関連する事柄に子どもが興味・関心をもち、食は楽しいというとらえ方をするための目標です。

「3歳児クラスのねらい」とは
食べるときの姿勢や食具のもち方など、食事のマナーに関心をもち、友だちと食べることが楽しいと感じられるようにするための目標です。

期		第1期 （4月〜6月）	第2期 （7月〜9月）	
3歳児	内容	●新年度、新しいクラスのなかで食べることに慣れる。 ●友だちと一緒に食事を楽しむ。 ●食事をトレーで運ぶ。 ●「いただきます」「ごちそうさま」のあいさつをきちんとできるようになる。 ●適切に食具を使える。 ●野菜を育てることに興味をもって取り組む。	●「少しでいい」というように、自分の食べる量を伝えられるようになる。 ●汁物をこぼさずに食べられるようになる。 ●食べるときの正しい姿勢などの食事マナーが少しずつわかる。 ●自分たちで育てた野菜を収穫し、食べてみる。	
	振り返り	●園庭の菜園に興味をもち、生長を楽しみにしていた。 ●好き嫌いがはっきりとし、嫌いな食べ物を残すようになった。	●トマトが嫌いな子どもも、自分で育てたことをとおして食べられるようになった。 ●食事を残さずに食べようとする様子がみられ、嫌いなものにも挑戦する姿があった。	

ポイント第1期
保育者や友だちと食事をすることが楽しいと思う時期です。

ポイント第2期
いろいろな食材に興味をもち、保育者に質問するようになる時期です。

食育計画立案のポイント

食育計画は、指導計画と関連づけて作成する。
「保育所保育指針」の改定により、保育内容「健康」に食育の内容が入ったので、月案などに示される保育内容との関連性がますます重要になりました。

食育計画は、各年齢をとおして一貫性のあるものにする。
1年をとおして目標が達成されるような計画にすることが大切です。

食育計画を踏まえた保育の実践や子どもの姿の評価を行う。
評価に基づいて取り組みの内容を改善し、次の計画や実践につなげましょう。

予定：給食の見本表示・食材の産地紹介（毎日）
　　　献立・給食だより（毎月）
　　　栽培（第1期）、ミニトマト、ナスの水やり（第1、2期）、
　　　ミニトマト、ナスの収穫（第2期）、
　　　いもほり遠足（第3期）、はしを使った遊び（第4期）

「予定」とは
期ごとにどのような経験をさせたいかを書く項目です。園全体で作成しますが、子どもの年齢によって体験することは異なります。

第3期（10月〜12月）	第4期（1月〜3月）
● はしをもつことに興味をもつ。 ● 食べるときの姿勢、こぼさず食べるなど食事のマナーを理解し、守ろうとする。 ● 残さずに食べられたことを保育者にほめられ、毎日残さないで食べようとする。 ● 野菜スタンプをとおして食材への関心を高める。	● 当番にすすんで関わろうとする。 ● 遊びのなかではしを使うことを楽しむ。 ● もちつきや豆まきをとおして食材に興味をもつ。 ● 自分からすすんで食前の手洗いをする。 ● 食具をきちんともつ、食べているときはおしゃべりしないなど食事のマナーを守ろうとする。
● 保育者の言葉がけによって食事を残さずに食べることができ、うれしそうにしていた。 ● 食べるときの姿勢に気を配る様子が見られた。	● 遊びのなかではしを使って楽しんでいた。 ● 行事をとおして食材に興味をもち保育者に質問する姿が見られた。

ポイント第3期
スプーンやフォークからはしを使うことに興味をもつ時期です。

ポイント第4期
遊びをとおしてはしを使い始めるなどいろいろなことに挑戦し、少しずつ上達していく時期です。

保健計画

◉ CD-ROM → 📁 3歳児_保健計画

20○○年度　年間保健計画

年間目標	● 子どもが安心して安全に生活できる ● 健康、安全などに必要な基本的習慣・態度を養い健康の基礎を養う ● 子ども一人ひとりが心身ともに健やかに成長する	
期	第1期（4月～6月）	第2期（7月～9月）
目標	● 新しい環境に慣れる ● 生活リズムを整える ● 戸外で元気に遊ぶ ● 梅雨の時期を清潔に過ごす	● 休息のとり方に気をつける ● 暑さに負けない体づくり ● 歯みがきをていねいに行う ● 食品の衛生管理に気をつける
活動内容	● 身体測定（4月のみ頭囲、胸囲も） ● 幼児健診（月1回） ● 乳児健診（0、1歳児毎週） ● 歯科検診（6月） ● プール前検診（6月眼科、耳鼻科・内科検診） ● 献立表チェック（毎月） ● 食物アレルギーの見直し（毎月）	● 身体測定 ● 幼児健診（月1回） ● 乳児健診（0、1歳児毎週） ● 歯科歯みがきチェック ● 熱中症対策 ● プール水質管理 ● 水いぼ、とびひなど感染症対策 ● 献立表チェック（毎月） ● 食物アレルギーの見直し（毎月）
保護者への働きかけ	● 登園許可証について ● 生活リズムの大切さを伝える ● 歯科検診の報告 ● 感染症が発生した場合のお知らせ	● プール感染症についてのお知らせ ● 紫外線と水分補給について ● 冷房使用時の適温などについて ● 夏の休息のとり方について
留意点	● 新入園児の既往歴、体質など健康状態の把握 ● 進級に伴う体調の変化に留意する ● 園内の危険チェックの見直し	● 歯科受診状況、治療結果の把握 ● プール開始までに感染性疾患の治療が終わっているかどうかの把握 ● 熱中症予防
職員	● 職員検便検査（毎月） ● 職員健診 ● 乳幼児突然死症候群講習 ● アレルギー児の対応確認	● 職員検便検査（毎月） ● 食物アレルギー児の対応確認（変更児） ● 水難救助講習
保健だよりの内容	● 生活のリズム ● 手洗い、爪切り ● 梅雨時期の衣類の取り扱い ● 食中毒予防	● 生活のリズム ● プール、水遊び ● 日焼け、あせもなどの対策 ● 水分補給と休息について

年間目標とは
健康で安心、安全な環境のなかで過ごせるように設定される目標のことです。

目標とは
それぞれの期で達成すべき目標を設定します。

活動内容とは
それぞれの期で行う保健活動の予定を記載します。

保護者への働きかけとは
保護者に伝えるべきこと、気をつけてほしいことなどを記載します。

留意点とは
季節や子どもの成長をもとに、保育者が気をつけるべきことを記載します。

職員とは
職員が行う健診などを記載します。

保健だよりとは
園で行う取り組みを保護者にわかりやすく示すものです。

どんな計画なの？

保健計画とは、園児の発達・心身の状態・家庭の状況などに配慮し、健康で安心、安全な環境のなかで過ごせるように、年間目標に基づいて1年を4期に分けて季節ごとに作成するものです。園全体での計画なので0～5歳すべてに対応する共通の計画です。

誰が作成するの？

保健計画は、施設長（園長）のもと、全職員が参画し、共通理解と協力体制のもと創意工夫して作成します。

登園時、下のチェック項目にあてはまる子どもがいたら、職員・保護者と共有し、対応を決定しましょう。

	第3期（10月～12月）	第4期（1月～3月）
	● 寒さに負けずに、戸外で遊ぶ ● 体力増進のため、薄着に慣れる ● インフルエンザ・かぜ予防	● かぜに注意する ● 寒さに負けずに元気に過ごす ● 戸外で遊んだあとのうがい、手洗いを忘れないように行う
	● 身体測定（10月のみ頭囲、胸囲も） ● 肥満児の把握（11月） ● 幼児健診（月1回） ● 乳児健診（0、1歳児毎週） ● 歯科検診（11月） ● 歯みがき指導 ● うがい、手洗いの方法指導（4、5歳児） ● 献立表チェック（毎月） ● 食物アレルギーの見直し（毎月）	● 身体測定 ● 幼児健診（月1回） ● 乳児健診（0、1歳児毎週） ● 新入園児面接・健康診断 ● 4歳児歯ブラシ指導 ● 常備医薬品等点検 ● 献立表チェック（毎月） ● 食物アレルギーの見直し（毎月）
	● インフルエンザ予防接種 ● ノロウイルスなど感染性胃腸炎の対策、対応について ● 登園停止期間について	● 乾燥時の湿度管理 ● かぜを引かない体づくり ● カイロや暖房器具による低温やけどの注意
	● インフルエンザ予防接種状況確認 ● 身体発育状況の確認 ● うがい、手洗いの徹底 ● 流行性疾患の発生・罹患状況の把握	● 予防接種の接種状況の把握 ● 新入園児の既往歴等確認 ● 年間計画などの見直し ● 新年度の食物アレルギー対応確認
	● 職員検便検査（毎月） ● 職員インフルエンザ予防接種 ● 食物アレルギー児の対応確認（変更児）	● 職員検便検査（毎月） ● 食物アレルギー児の対応確認（変更児） ● 新担当保育者への引き継ぎ
	● ノロウイルス対策 ● インフルエンザについて ● 乾燥時のスキンケアの方法 ● 年末年始の過ごし方について	● かぜの予防・対策 ● 咳エチケットについて ● 家庭でのうがい、手洗い励行 ● 1年間の保健活動の振り返り

健康観察チェックリスト

【目】
☐ 目やにがある
☐ 目が赤い
☐ まぶたが腫れぼったい
☐ まぶしがる
☐ 涙目である

【耳】
☐ 耳だれがある
☐ 痛がる
☐ 耳を触る

【鼻】
☐ 鼻水、鼻づまりがある
☐ くしゃみをする
☐ 息づかいが荒い

【口】
☐ 唇の色が悪い
☐ 唇、口の中に痛みがある
☐ 舌が赤い
☐ 荒れている

【のど】
☐ 痛がる
☐ 赤くなっている
☐ 声がかれている
☐ 咳がでる

【顔・表情】
☐ 顔色が悪い
☐ ぼんやりしている
☐ 目の動きに元気がない

【胸】
☐ 呼吸が苦しそう
☐ 咳、喘鳴がある
☐ 咳で吐く

【皮膚】
☐ 赤く腫れている
☐ ポツポツと湿疹がある
☐ かさかさがある
☐ 水疱、化膿、出血がある
☐ 虫刺されで赤く腫れている
☐ 打撲のあざがある
☐ 傷がある

避難訓練計画

◉ CD-ROM → ■3歳児_避難訓練計画

20○○年度　△△保育園　避難訓練計画

ねらい
災害時に、園児に放送を静かに聞くこと、どのように行動するのか、自分自身はどうすればよいのかなどを繰り返し訓練を行って理解するため「ねらい」を設定します。

想定
災害の種類を想定します。火災については保育所内、近隣住居などの火災を想定します。津波が考えられる地域では、津波を想定した訓練も必要となります。

月
避難訓練は、少なくとも月1回行うことが法令で義務づけられています。

時刻
災害や火災は、さまざまな時刻や活動、場所で発生することを想定して訓練を行う必要があるため、月ごとに変化させる必要があります。

月	時刻	ねらい	想定
4月○日	9:30	●保育室で静かに放送を聞く。 ●防災ずきんのかぶり方を覚える。	地震
5月○日	10:00	●幼児クラスは自分で防災ずきんをかぶる。 ●保育者のそばに集まり、園庭に出る。	地震
6月○日	9:30	●静かに、落ち着いて園庭に出る。 ●地震と火災の放送の違いを知る。	火災（給食室）
7月○日	10:00	●保育室以外にいるときの避難方法を知る。 ●プールに入っているときの避難方法を知る。	地震
8月○日	11:15	●離れた場所の火災の対応を訓練する。 ●落ち着いて行動する。	火災（近隣住宅）
9月○日	9:00	●地域の避難訓練に参加する。 ●長い距離を落ち着いて行動できるようにする。	地震
10月○日	10:15	●不審者が侵入したときの対応を訓練する。 ●警察への通報方法を確認する。	不審者侵入
11月○日	総合	●消防署立ち会いで、訓練を行う。 ●消防車のサイレンや放水に慣れる。	火災（調理室）
12月○日	15:30	●午睡のあとでも、落ち着いて行動する。 ●地震のときには、すぐに靴を履くことを理解する。	地震（窓ガラス破損）
1月○日	抜き打ち	●災害は予告なしに起こることを理解する。 ●これまでの避難訓練の内容を復習する。	地震
2月○日	抜き打ち	●自ら避難行動をとれるようにする。 ●火災と地震の放送を聞き分けて行動する。	火災（園舎後方の倉庫）
3月○日	抜き打ち	●自ら避難行動をとれるようにする。 ●保護者への引き渡し訓練を行う。	地震

38

どんな計画なの？

避難訓練計画のポイント

保育所の立地条件や規模、地域の実情を踏まえたうえで、地震や火災などの災害が発生したときの対応などについて作成し、防災対策を確立しておくことが必要です。園全体の計画なので、基本的には0～5歳児すべてに対応する共通の計画です。

誰が作成するの？

避難訓練計画は、施設長（園長）のもと、全職員が参画し、共通理解と協力体制のもと作成します。

避難場所の設定

1年をとおして保育室に待機することから始め、園庭への避難、広域避難場所など離れた場所への避難など、徐々に避難距離を延ばしていきます。

実施方法

基本的な避難方法や、騒がずに避難することを理解させます。保護者への引き渡し、避難時の保育者の役割分担なども明確にしておきましょう。

避難場所	実施方法
各保育室待機	●新入園児も含め全員が、基本的な避難の方法を知る。 ●避難経路を確認する。
各保育室待機 ➡園庭	●4月の訓練内容を理解できているか確認する。 ●保育室から園庭に各クラスが混乱なく避難する。
園庭 ➡○○公園	●園外への避難経路を確認する。 ●避難経路に障害物が置かれていないか確認する。
テラス、 プールサイド待機	●放送を聞いたあと、すぐに保育者のもとに集まる。 ●日差しが強いときはできるだけ日陰に避難する。
各保育室待機	●園に延焼のおそれがない場合の避難方法を確認する。 ●消火器の使い方を確認する。
園庭 ➡広域避難場所	●歩けない乳幼児の担当など役割分担を明確にする。 ●安全に避難できるよう、事前に経路を確認する。
各保育室待機 ➡園庭	●警察の指導通りに実際に行えるか確認する。 ●通報役、不審者対応役など役割を明確にしておく。
園庭	●消防署員に立ち会ってもらい改善点などを聞く。 ●園庭まで落ち着いて避難する。
各保育室待機	●園舎内に倒れやすいものがないか確認し固定する。 ●地震発生時にはドアを開けるなど避難経路を確保。
園庭 ➡広域避難場所	●指示通りに落ち着いて行動できるようにする。 ●職員も緊張感をもって訓練に臨む。
園庭 ➡○○公園	●避難中にポケットに手を入れないよう注意する。 ●避難時の決まり、避難の方法などを一緒に確認する。
園庭 ➡広域避難場所	●避難経路、避難方法など再度確認する。 ●保護者への引き渡しをスムーズに行う。

学校安全計画

● CD-ROM → 📁 3歳児_学校安全計画

月			4	5	6	7・8	9
（幼児が安全な生活をするための）安全教育		生活安全	●園内で安全な生活を送る方法（登園・降園時の歩き方、持ち物の片づけ方、遊具や園庭での過ごし方） ●5歳児→子ども110番の理解	●室内での安全な生活（廊下を走らない、遊具、持ち物を棚にしまう、ハサミなど危険物の扱い方） ●小動物の扱い方 ●集団行動時の約束	●雨の日の安全な過ごし方（傘の安全な持ち方、ぬれたコートの片づけ方、保育室での過ごし方） ●水遊びやプールでの約束（入る前に体操、水の中でふざけない、プールサイドで走らない）	●水遊び、プール活動の約束を守る ●夏休みの過ごし方（知らない人についていかない、規則正しい生活、一人で遊ばない、外出時には帽子をかぶる、水分を補給する）	●施設内の危険箇所点検 ●生活リズムを整え、安全な生活を送る ●園庭での運動で体を動かす
		不審者対応	●保護者と出かけたときに保護者から離れない	●保護者と出かけたときに保護者から離れない	●知らない人についていかない	●知らない人についていかない ●外出時に保護者から離れない	●防犯訓練（侵入者対策） ●門扉、出入口等の確認
		交通安全	●安全な登降園のしかた ・歩道から飛び出さない ・信号を守る	●園外保育のときの安全な歩行 ・手をつないで歩く ・急に走り出さない ・信号、交通標識を守る	●傘をさしたときの安全な歩き方 ・傘をもってふざけない ●交通ルールを守って歩く	●横断歩道の渡り方 ●交通ルールの確認 ●警察署の交通安全指導	●交通ルールの確認 ・飛び出さない ・わき見をしない ・信号を守る
		災害安全	●避難訓練（地震） ・保育者の指示を静かに聞く ・「おかしも」の約束 ・防災ずきんのかぶり方を覚える	●避難訓練（地震） ・防災ずきんを素早くかぶる ・黙って行動する・走らない ・机の下にもぐる ・靴を履いて避難する	●避難訓練（火災・調理室） ・放送を静かに聞く ・指示に従って避難する ・地震の避難との違いを理解する	●避難訓練（火事・近隣の住宅） ・活動中に抜き打ちで放送 ・姿勢を低くする ・ハンカチで鼻と口をおさえる ・落ち着いて避難	●避難訓練（地震・広域訓練） ・広域避難場所まで徒歩で移動 ・地域の人との避難に慣れる ・現地での保護者への引き渡し
安全管理	（安全確保のための環境を整える）		●不審者侵入時の対応方法 ●園内の危険箇所確認 ●救急対応	●遠足の場所を事前に確認 ●乗り物内での注意事項を説明 ●消防署の指導により消火訓練	●水遊びの用具、プールの安全確認 ●水質検査 ●園内の安全点検	●夏休み中の勤務分担確認 ●夏休み中の園内見回り ●施設・設備の安全点検・修理	●防災用品備蓄を確認・補充 ●避難ルートを事前に確認 ●園庭の危険箇所点検
組織活動	学校安全に関する		●安全計画年間指導計画の確認と理解 ●緊急連絡網の作成 ●救急救命講習受講 ●園児引き渡し時の保護者確認 ●疾病、けがの連絡方法	●緊急連絡網を使って抜き打ちでの連絡・問題点の確認 ●施設内安全点検（消防署） ●警察の人と不審者対応訓練	●プールでおぼれたときの救助方法確認 ●プール活動の際の職員の役割分担 ●園外活動の評価・反省	●夏休み中の過ごし方（生活リズム、台風などのときの情報伝達方法確認、熱中症予防）	●交通安全運動 ●防災面での地域との連携 ●情報システムの活用

学校安全計画作成のポイント

学校安全計画とは、幼稚園、認定こども園で子どもの安全の確保をはかるために作成される全年齢共通の計画です。園の安全を確保するためには、職員だけでなく園外の警察やボランティアなどとも連携をすすめる必要があります。また、園内の全教職員で共通理解をし、常に見直し、改善をはかります。

	10	11	12	1	2	3
	●運動会に向けて安全な集団行動 ●用具・遊具の点検 ●ボールやなわとびのなわなどの安全な使い方 ●さまざまな生活場面で職員の指示に従う	●遊具を安全に扱う ●園庭で遊ぶ際のルールを守る ●登園・降園時の歩き方（急に走り出さない、保護者の指示に従う）	●暖房器具に触らない ●寒い日の遊び方（戸外で遊ぶ、うがい、手洗い、着ぶくれにならない） ●冬休みの過ごし方（生活リズムを守る、食べ過ぎに注意する）	●本来の生活リズムを取り戻す ●安全に正月の遊びを行う ●うがい・手洗いの習慣 ●戸外で元気に遊ぶ	●自分から安全な生活を送れるよう、約束を守る ●戸外で積極的に体を動かす ●暖房器具等に注意する	●年下の子どもの安全にも配慮して行動する ●自分からすすんで体を動かす ●小学校への通学時の約束を理解する
	●運動会等地域の人々にも園内を開放する際の不審者対応を確認	●不審者侵入を想定した避難訓練	●人混みで保護者から離れない ●知らない人に声をかけられたときの対応確認	●時間を決めて園内を職員が巡回	●施錠状態の確認	●春休みに一人で出かけない ●休み中家に一人でいるときは施錠する
	●遠足時など集団行動の際の歩き方 ●自転車に乗るときのルール ●公共交通機関利用の際のルール	●公園まで徒歩で移動し、交通ルールを確認	●ポケットに手を入れない ●歩道の凍結等に注意して歩く ●交通ルールを守って冬休みを過ごす	●歩道を歩く際の約束 ●交通標識を覚える ●安全を自分で判断する	●職員の指示がなくても安全に歩く ●自分で危険を感じられる ●一人で歩く訓練（5歳児）	●小学校への通学路を安全に歩く（5歳児） ●交通ルールや約束を思い出し、確認
	●避難訓練（火災・昼食中） ・声による発生伝達、指示 ・これまでの訓練で覚えたことの確認 ・近隣の公園まで移動	●避難訓練（火災・園内） ・活動中に火災発生を伝える ・近隣小学校に徒歩で避難 ・乳幼児担当職員を確認	●避難訓練（地震） ・活動中に緊急地震速報音で地震発生を知らせる ・速報音に驚かず落ち着いて行動する	●避難訓練（地震） ・抜き打ちで実施 ・壁から離れる ・倒れてくるものがない場所に移動 ・落ち着いて避難	●避難訓練（地震・火災） ・地震発生後に調理室から火災発生を想定 ・防災ずきんをかぶって落ち着いて歩く ・放送や指示に従う	●避難訓練（地震） ・これまでの避難訓練を思い出し、指示なしで行動する
	●運動会の用具を確認 ●運動会当日の職員配置を確認 ●園舎の施錠状態確認	●施設の点検 ●放送設備の点検 ●調理室の設備点検	●休み中の見回り当番を職員間で確認 ●休みに入る前に不審者の侵入経路がないか確認	●室内の温度・湿度管理 ●室内遊びの際の安全確認 ●園庭の凍結に注意	●消防署の指導で消火訓練 ●園内で火災発生が想定される場所の点検	●学校安全計画の内容を達成できたか評価・反省 ●次年度の防災担当などを再編成 ●次年度の計画見直し
	●運動会当日の警備依頼（警察署） ●自転車に乗るときは保護者と一緒	●地震・火災が発生した際の緊急連絡網での連絡訓練 ●不審者対策について地域との連携確認	●冬休みの過ごし方を保護者に伝える ●感染症にかかったときの連絡について保護者に確認	●降雪時の登園・降園の際の歩行 ●寒い時期の身支度を伝える ●臨時休園の際の連絡方法確認	●一人登園の実施（5歳児）・警察署に協力要請 ●園内事故発生予防のための研修	●春休み中の過ごし方（生活リズム、食事など）を保護者に伝える ●就学に向けた安全対策を保護者に伝える

出典：文部科学省「「生きる力」をはぐくむ学校での安全教育」2010年をもとに作成

避難訓練、防犯対策は子どもが覚えやすい標語で

避難訓練や防犯対策については、子どもたち自身が日ごろから意識するようにしていくことが大切になります。子どもが覚えやすい標語をぜひ活用していきましょう。

地震や火災から逃げるときの約束「おかしも」

- **お** 押さない
- **か** かけない
- **し** しゃべらない
- **も** 戻らない

犯罪にあわないための約束「いかのおすし」

- **いか** （知らない人について）行かない
- **の** （知らない人の車に）乗らない
- **お** （不審者にあったら）大声を出す
- **す** （危ないときは）すぐ逃げる
- **し** （何かあったらすぐ）知らせる

ふだんの保育の際にも子どもたちと約束を口にして、意識できるようにしましょう。また、新しい標語を子どもたちと一緒につくってみるのもよいでしょう。

12か月の指導計画

月案や週案、また子ども一人ひとりの状況を細かく把握したうえで
立案する個人案は、その月ごとに作成や計画の見直しを行うことが多いでしょう。
ここでは、その月に必要な計画をまとめて掲載しています。

- ・月案
- ・週案
- ・遊びと環境
- ・文例集

4月 月案・みかんぐみ 保育所

◎ CD-ROM → 📁 3歳児_月案
→ 📁 p44-p49_4月の月案（みかんぐみ）

4月 みかんぐみ 月案
担任：A先生

今月の保育のポイント
新しい環境に不安を示す子どもが多い4月は、ゆったりとした気持ちで過ごせるようにします。トラブルがあったり、子どもが不意に泣き出したりした際にはスキンシップをとりながら、個々の気持ちをしっかり受け止め、子どもたちが落ち着ける環境づくりをめざしましょう。

今月はじめの子どもの姿
- 新しい環境や保育者に慣れず、不安そうな顔を見せる姿が多くあった。
- 好きな遊びをとおして、友だちと関わろうとする姿が見られた。

【5領域】
健康 ✚
人間関係 ♥
環境 ▲
言葉 ●
表現 ♪

	ねらい	内容
	✚♥保育者と一緒に好きな遊びを楽しむ。健協	✚♥保育者とふれあったり、一緒に遊んだりすることに楽しさを感じる。健協
	♥保育者や友だちに興味をもって関わろうとする。協	♥手をつないで散歩をしたり、同じ遊びをしたりして友だちと楽しくふれあう。協
	▲自然散策を行い、春を告げる植物や生き物と出あう。環	▲園庭や公園で、春の草花や虫などをみつけることを楽しむ。環
	✚♥1日の生活の流れを知って、自分から活動しようとする。健自	✚♥1日の簡単な流れを理解し、自分でトイレに行ったり、手洗いをしようとする。健自
	♥受け止めてもらえる安心感のなかで、保育者に自分の思いを伝えようとする。言	♥したいこと、してほしいことを言葉や動き、表情で保育者に伝える。言
	♪お絵描きや製作を楽しむ。感思	♪こいのぼりの形の紙に、思い思いに色を塗って、こいのぼりを製作する。感思

職員との連携
- 前年度の担任から、子どもの性格、配慮すべき点などを聞き、新年度の保育方針について共有する。
- 保護者からの要望や連絡事項などを共有する。
- 新年度にあたり、それぞれの役割を確認しながら体制を整えていく。

家庭・地域との連携
- 園での様子を伝えるとともに、家庭での様子を聞き、ともに成長を見守る意識を共有する。
- 新年度にあたって保護者の事情などを聞きながら、信頼関係を築く。
- 持ち物への記名をお願いする。

[10の姿（幼児期の終わりまでに育ってほしい姿）]
健…健康な心と体　自…自立心　協…協同性　道…道徳性・規範意識の芽生え　社…社会生活との関わり　思…思考力の芽生え
然…自然との関わり・生命尊重　数…数量や図形、標識や文字などへの関心・感覚　言…言葉による伝え合い　感…豊かな感性と表現

4月・月案・保育所・みかんぐみ

養護のねらい
- 新しい環境に慣れ、安心して過ごせるようにする。
- 園生活の流れがわかるよう、活動の節目で声かけをしたり、行動を促したりする。

健康・安全への配慮
- 緊張や不安から体調を崩しやすいので、小さな兆候を見逃さないようにする。
- 施設全体、遊具の安全点検を行う。
- アレルギーや持病の有無などについて把握し、対応のしかたを職員間で確認しておく。

行事
- 進級お祝い式
- 身体測定
- 誕生会
- 避難訓練
- 職員会議

環境構成	保育者の関わりと配慮事項
●子どもと1対1で関わる時間をとる。	●一人ひとりとていねいに関わり、安心して新しいクラスで遊べるようにする。
●一人遊びを楽しんでいる子どもは無理に集団遊びに誘わず、近くで見守る。	●全体を見て、新しい友だちとふれあえるような機会を意識的につくりだす。
●春についての絵本を用意して、草花や虫のかわいらしさ、おもしろさに関心をもてるようにする。	●子どもの気づきや驚きやつぶやきを受け止め、共感する。
●トイレの場所や使い方、手洗い・うがいの正しい方法がわかるように、ポスターなどを掲示する。	●活動の節目に声をかけ、トイレに行くことや手を洗うことに自分で気づけるよう導く。
●ゆったりと関わり、安心して思いを伝えられるようにする。	●思いを受け止め、少しずつ思いを伝えられるよう援助する。
●クレヨンや絵の具など、子どもたちが扱いやすい画材を用意する。	●好きな色の画材を選びつつ、「自分でできた」という達成感が味わえるように支援する。

食育
- 食事の前の手洗いや、食前食後のあいさつをする。
- 保育者や友だちと楽しく食事をする。

反省・評価のポイント
- 期待をもって登園し、楽しい気持ちになれる環境をつくることができたか。
- 身のまわりのことを自分でしようとする気持ちを受け止めながら、適切に援助できたか。

4月 月案・れもんぐみ

保育所

◎ CD-ROM → 📁 3歳児_月案
→ 📁 p44-p49_4月の月案（れもんぐみ）

4月　れもんぐみ　月案
担任：B先生

今月の保育のポイント

毎日に期待をもって過ごすことができるよう、明るく楽しい雰囲気づくりを心がけます。身支度、自己主張などに個人差が大きい年齢ですが、一人ひとりが友だちや保育者と関わりながら、成長していく喜びを感じられるように接していきましょう。

今月はじめの子どもの姿

- 登園時、保護者から離れようとしない子どもも、保育者がスキンシップをとることで落ち着きを見せた。
- 新年度の新しい雰囲気のなかでも、元気よく返事をしたり、身のまわりのことに取り組もうとしたりする意欲的な姿が見られた。

【5領域】 健康 ✚ 人間関係 ♥ 環境 ▲ 言葉 ● 表現 ♪	ねらい	内容
	✚ 戸外でのびのびと体を動かして遊ぶ。(健)	✚ ブランコ、すべり台、ボール遊びなど、戸外で好きな遊びを楽しむ。(健)
	✚♥ 保育者との信頼関係を感じ、落ち着いた気持ちで過ごす。(健)	✚♥ 新しい担任や、慣れた保育者との関わりを楽しむ。(健)
	✚♥ 身のまわりのことを自分からしようとする。(健)(自)	✚♥ 自分で身支度をしたり、持ち物を決まった場所に片づけたりする。(健)(自)(道)
	▲ 春の自然にふれ、植物や生き物に関心をもつ。(然)	▲ 園庭のチューリップ、チョウやアリ、ダンゴムシなどをみつけ、観察する。(然)
	♥ 好きな遊びをみつけ、保育者と遊ぶ。(協)	▲♥ 室内でブロック、積み木、ままごと、パズルなど、好きな遊びをみつけて保育者と遊ぶ。(協)
	♪ 歌を覚えて、歌う楽しさを感じる。(感)	♪「チューリップ」「ちょうちょう」「おつかいありさん」など、春の歌を歌う。(感)

職員との連携

- 保護者の連絡先、また連携する近隣施設の連絡先や情報などを確認・共有しておく。
- 子どもの遊び、食事、排泄の様子を報告し合う。
- 年度始めの避難訓練では、それぞれの分担を事前に決めておく。

家庭・地域との連携

- 食事や睡眠、排泄など、家庭でのふだんの様子を保護者から聞いておく。
- 散歩のルート、公園利用について近隣住民の理解、協力をあおぐ。

[10の姿（幼児期の終わりまでに育ってほしい姿）]
健…健康な心と体　自…自立心　協…協同性　道…道徳性・規範意識の芽生え　社…社会生活との関わり　思…思考力の芽生え
自然…自然との関わり・生命尊重　数…数量や図形、標識や文字などへの関心・感覚　言…言葉による伝え合い　感…豊かな感性と表現

4月　月案・保育所・れもんぐみ

養護のねらい
- 新しい環境に慣れ、保育者や友だちに親しみを感じて過ごせるようにする。
- 戸外で気持ちを開放して、のびのびと体を動かせるよう環境を整える。

健康・安全への配慮
- 食物アレルギーや食事の量などについて把握する。
- 園内でのルール、危険な場所での約束について徐々に伝えていく。

行事
- 進級お祝い式
- 身体測定
- 誕生会
- 避難訓練
- 職員会議

環境構成
- 園庭に、大きな石などの障害物がないか、事前に確認・撤去しておく。
- 個々の子どもに寄り添い、安心感を得られるようにていねいに関わる時間をつくる。
- 帽子やかばんの置き場所をマークで示すなどして、自分のものがわかりやすいようにする。
- 植物や虫の図鑑・絵本を用意し、興味がさらに広がるようにする。
- 好きな玩具で遊べるよう、玩具の数は十分に用意する。
- 歌に登場する生き物に親しみがもてるよう楽しい雰囲気を演出する。

保育者の関わりと配慮事項
- 安心して遊べるよう、子どもたちと一緒に遊んだり近くで見守ったりする。
- 一人ひとりに目を配り、小さな変化を見落とさない。
- 自分で身支度を整えようとする姿勢を認めて見守り、適切に援助する。
- 発見や観察が遊びに発展していくよう、観察したものを絵に描くことや、虫の動きをまねることを提案する。
- 好きな遊びをみつけられるよう保育者が誘いかけたり、近くで見守ったりする。
- 季節に合ったテーマ、子どもの好きなものが登場する歌や手遊びを提案していく。

食育
- 保育者や友だちと会話を楽しみながら食事をする。
- 新しい環境に慣れ、安心した気持ちで食事をする。

反省・評価のポイント
- 子どもたち一人ひとりの気持ちを受け止め、気持ちの安定を図ることができたか。
- 春の自然にふれる活動をとおして、子どもの興味・関心を広げることができたか。

4月 月案・こあらぐみ　幼稚園・認定こども園

CD-ROM → 3歳児_月案 → p44-p49_4月の月案（こあらぐみ）

4月　こあらぐみ　月案
担任：C先生

今月の保育のポイント
子どもたちも保育者も新しい生活のスタートです。最初は、保護者から離れることができない子どもや、緊張している子ども、不安そうな子どももいます。保育者は子どもたちが安心して園での生活が送れるよう、ゆったりとした関わりを心がけ、子どもたちのありのままの姿を受け止めましょう。

今月はじめの子どもの姿
- 喜んで登園し、すぐに遊び始める子どももいるが、保護者と離れられずに泣いている子どももいた。
- 遊びの途中で保護者を思い出して、泣く姿が見られた。

	第1週	第2週
ねらい	春休み（幼稚園）	♥新しい環境を知り、保育者や園に親しみをもつ。健自 ✚♥♠保育者と関わりながら、園生活の流れを知る。健
内容		♥保育者のそばにいたり、ふれあったりして過ごす。健 ✚♥♠保育者が遊具などを片づける姿に興味をもって見たり、まねしたりする。健協
環境構成		●明るく清潔な雰囲気となるよう、保育室を整える。 ●家庭で親しんでいる遊具を用意し、安心して動き出せるようにする。
保育者の援助		●一人ひとりの子どもとていねいに関わり、安心して過ごせるようにする。 ●泣いている子どもや緊張している子どもには保育者がそばにつき、緊張や不安をほぐしていく。

職員との連携
- 新年度に入る前に、保育室や園庭の使い方について、職員全員で確認をしておく。
- 子どもを見守る配置について共通理解をもつ。
- アレルギーやアトピーなどにより、個別の対応が必要な子どもの情報を園全体で共有し、把握する。

家庭・地域との連携
- 泣いて保護者から離れられない子どもは、無理に離さず、保育者と保護者でしばらく見守るなど、一人ひとりに合わせた対応をする。
- 降園時に、1日の流れや子どもの様子を保護者に伝え、安心感をもってもらえるようにする。

[5領域] ✚…健康 ♥…人間関係 ▲…環境 ●…言葉 ♪…表現

[10の姿（幼児期の終わりまでに育ってほしい姿）]
健…健康な心と体 自…自立心 協…協同性 道…道徳性・規範意識の芽生え 社…社会生活との関わり 思…思考力の芽生え
然…自然との関わり・生命尊重 数…数量や図形、標識や文字などへの関心・感覚 言…言葉による伝え合い 感…豊かな感性と表現

月のねらい

- ♥ 保育者とふれあったり、一緒に遊んだりすることに楽しさを感じ、親しみをもつ。協
- ✚ 保育者と関わりながら、園での生活のしかたを知る。健自
- ▲ 興味をもったものに関わり、自分なりに遊ぶ。健思

行事

- 入園式
- 保護者会
- 誕生会
- 避難訓練
- 身体測定

4月 月案・幼稚園・認定こども園

第3週	第4週
▲ 興味をもったもの、目についたものに関わり、自分なりに遊ぶ。健 ✚♥▲ 身のまわりのことを保育者と一緒にしながら、やり方を知る。自	✚♥ 保育者と関わったり、一緒に遊んだりすることに楽しさを感じる。健 ▲ 身近な動植物に関心をもつ。然
▲ 目についた遊具や興味をもった遊具にふれたり遊んだりする。健 ✚♥▲ 自分のロッカーの場所を知り、保育者と一緒に自分の持ち物を片づける。健	♥♪ 保育者のする手遊びやリズム遊びなどを喜んで見たり、まねをしたりして自分なりに楽しむ。感 ♪ 手遊び歌「おつかいありさん」を皆で楽しむ。感 ▲ 園庭の小動物を見たり、エサをあげたりする。然
● 一人ひとりの子どもが使いたい遊具を安心して使えるよう、遊具の量を多めに用意しておく。 ● 園生活の流れがわかるように、次の活動が何かを伝えたり、今何をする時間かを伝えたりする。	● 全員で手遊びをするときには、手遊びに集中できるよう保育者の背後の掲示板などの視覚情報を少なくする。 ● 園庭で遊ぶときには、他クラスの活動や動線を考慮する。
● 保育者が援助を行いながら、自分でできたという思いを味わえるようにする。 ● 身支度や片づけを自ら行おうとする意欲や、できたことについて認める言葉がけをする。	● 皆で手遊びをしているときも、動きをていねいに見守り、1対1で関わっていると感じられるようにする。 ●「○○さんがいるね」「ごはんが食べたいのかな」など、子どもたちが小動物に興味をもてるような言葉がけをする。

食育

- 皆でお茶を飲んだりおやつを食べたりすることを楽しむ。

反省・評価のポイント

- 安心して園生活が送れるよう配慮した言葉がけや環境づくりができたか。
- 子どもとていねいに関わることができたか。
- 一人ひとりが興味をもったものに関われるよう援助できたか。

4月 週案・みかんぐみ　保育所

CD-ROM → 3歳児_週案→p50-p51_4月の週案

進級・新入園

4月　みかんぐみ　週案
担任：A先生

予想される子どもの姿
- 新しい環境に不安を覚え、泣く姿や落ち着かない様子が見られる。
- 春の草花や虫などに興味を示し、保育者に「これは何？」と問いかける。

	4月○日（月）	4月○日（火）	4月○日（水）	
活動予定	園庭遊び（固定遊具、砂場遊び） この週は園庭を使って、さまざまな遊びを体験します。	室内遊び	園庭遊び	
内容	▲遊具の遊び方、遊ぶときの約束ごとを知る。道 ♥保育者や友だちとふれあう楽しさを味わう。協	♥自分の好きな遊びをみつけて楽しむ。自	✚♥保育者や友だちと追いかけっこをして体を動かして遊ぶ。健協	
環境構成	・安心感をもって遊べるよう子どもの視界に入る場所で見守る。 ・遊びの前に約束事や安全な遊び方を伝える。	・すべての子が使いたいものを使えるように玩具の数は多めに用意しておく。 ・一人ひとりのスペースをゆったりととり、集中して遊びこめるようにする。	・十分なスペースをとって遊べるよう、他のクラスと園庭の使用時間についてあらかじめ調整しておく。	
保育者の配慮	・遊具の安全な遊び方や約束を守る姿を認め、約束を守ろうとする気持ちを育てる。 ・保育者と好きな遊びをじっくりと楽しめるようていねいに関わる。	・一人ひとりが居心地のよさを感じて、落ち着いて過ごせるように援助する。	・一人でいることが多い子どもはタイミングを見て保育者が誘いかけ、一緒に体を動かすことを楽しめるようにする。 ・皆で遊ぶ楽しさを感じられるよう、保育者も楽しんでいる姿を見せる。	

[5領域] ✚…健康 ♥…人間関係 🌲…環境 💬…言葉 ♪…表現

[10の姿（幼児期の終わりまでに育ってほしい姿）]
健…健康な心と体　自…自立心　協…協同性　道…道徳性・規範意識の芽生え　社…社会生活との関わり　思…思考力の芽生え
然…自然との関わり・生命尊重　数…数量や図形、標識や文字などへの関心・感覚　言…言葉による伝え合い　感…豊かな感性と表現

🎯 ねらい

- ✚♥ 新しい環境に慣れ、安心して過ごす。健
- ♥ 保育者や友だちと関わり、親しみをもつ。協
- ✚🌲 好きな遊びをみつけて楽しむ。健

✅ 振り返り

はじめは不安そうな様子の子どもが多かったが、遊びを楽しむなかで落ち着いて過ごせるようになっていった。気の合う友だちをみつけられるきっかけづくりを意識していきたい。

4月・週案・保育所・みかんぐみ

4月○日（木）	4月○日（金）	4月○日（土）
園庭遊び（園庭の自然物をみつける）	園周辺散歩（園近くの公園の散策）	異年齢保育 室内遊び
🌲園庭で、春の草花や虫などをみつけて観察したり、ふれたりする。然	✚♥友だちや保育者と手をつないで公園まで歩く。健協 🌲公園で自然物を見たりふれたりして楽しむ。然	♥🌲絵本や歌遊びで異年齢児との関わりを楽しむ。協社
💬事前に園庭の春の草花をはじめ、アリやダンゴムシなどの虫の居場所を確認しておく。	💬公園への行き帰りはけがや事故のないよう交通安全に留意する。 💬タイミングを見て、クローバーの花輪やおおばこずもうなどで遊ぶことを提案する。	💬絵本の読み聞かせ、歌、指遊びなど好きな遊びを選べるようにし、年長児とともに心地よく過ごせるようにする。
💬虫について、適切な観察のしかたやふれ方を伝える。 💬子どもの発見や驚きを受け止めて共感を示し、より散策への意欲がわくようにする。	💬公園への行き帰りや自然物を取り入れた遊びの際に子ども同士のやりとりが生まれるよう声かけや働きかけをする。	💬歌や指遊びなど、年長児の様子を見ながら、自分もやってみたいと思えるように支援する。

※木曜日は園庭、金曜日は園近くの公園と、フィールドを広げて自然物とのふれあいを楽しみます。

4月の遊びと環境

その① アリの観察

用意するもの アリの絵本、アリ用の飼育ケース

活動の内容
- 戸外で、虫をみつけることを楽しむ。
- アリをみつけ、見たりふれたりする。

環境のポイント
園庭や公園で、アリの巣や通り道がある場所をあらかじめみつけておきましょう。

アリの通り道に小さなお菓子のかけらを置くと、集団で協力して運んでいく姿が見られる。

翌日は……

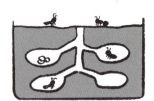

アリを飼育ケースに入れて、巣ができていく様子を見る。

その② こいのぼり製作

用意するもの こいのぼりの台紙、クレヨン、絵の具、筆、タンポ

活動の内容
- 絵の具を使ってこいのぼり製作を楽しむ。
- 「こいのぼり」の歌を歌い、行事の雰囲気を感じる。

保育者がこいのぼりの形に切っておいた台紙に、自由にもようを描く。

完成したら……

飾って楽しむ。

テープで棒にとめる。

環境のポイント
出来上がったこいのぼりは壁面に飾り、保護者も見られるようにしましょう。

4月の文例集

● CD-ROM → 📁 3歳児_季節の文例集→p53_4月の文例集

【5領域】 ✚…健康　♥…人間関係　▲…環境　●…言葉　♪…表現
【10の姿（幼児期の終わりまでに育ってほしい姿）】
健…健康な心と体　自…自立心　協…協同性
道…道徳性・規範意識の芽生え　社…社会生活との関わり
思…思考力の芽生え　然…自然との関わり・生命尊重
数…数量や図形、標識や文字などへの関心・感覚
言…言葉による伝え合い　感…豊かな感性と表現

今月はじめの子どもの姿

● 最初は新しい環境にとまどい、落ち着かない様子だったが、週の後半になると徐々に慣れてきた。
● 気温の低い日が続いたため、進級（入園）早々、体調をこわして休んでしまう子どもがいた。

養護のねらい

● 新しい生活で緊張したり、落ち着かなかったりする気持ちを受け止め、ていねいに関わる。
● 身のまわりのことを自分でやってみようとする意欲を育てる。

健康・安全への配慮

● 散歩の際には約束ごとをその都度伝え、けがや事故のないよう十分に注意しながら見守る。
● 食物アレルギーの子どもについては、新年度が始まる前に全職員で情報共有する。

ねらい

✚ 園での生活のしかたを知る。健
♥ 皆と同じ動きをすることを楽しむ。協
▲ 動植物をとおして春を感じる。然

内容

✚ 身支度を保育者と一緒に行ったり、保育者の声かけで幼児用トイレに行ったりする。健
♥ 保育者や友だちのまねをして、のびのびと体を動かして遊ぶ。協
▲ 公園にでかけ、春の昆虫や花などを探す。然

環境構成

● 手洗い場やトイレを清潔に保つ。
● のびのびと体を動かせるよう広いスペースをとる。
● 散歩でよく行く公園で、事前に春の動植物をみつけておく。

保育者との関わりと配慮事項

● 保育者も一緒に体を動かすことを楽しみ、子どもと思いを共有する。
● 子どもたちがみつけた春に共感する。

職員との連携

● 新しいクラスになり、落ち着かない様子が見られる場合には、前年度の担任に2歳児クラスのときの様子や好きな遊びを確認する。
● 新入園児についての情報を共有しておく。

家庭・地域との連携

● 新しい環境で過ごし始めた子どもの様子を登降園時や連絡帳で伝え、信頼関係を築いていく。
● 気候の変動が大きいので、園での着替えに適した衣服の準備を保護者に伝える。

食育

● 食事の時間を楽しく過ごし、食後の片づけを手伝ってみる。
● 食事の前後の「いただきます」「ごちそうさまでした」のあいさつをする。

4月　遊びと環境・文例集

5月 月案・みかんぐみ　保育所

◎ CD-ROM → 📁 3歳児_月案
→ 📁 p54-p59_5月の月案（みかんぐみ）

5月　みかんぐみ　月案
担任：A先生

今月の保育のポイント
園の環境にも慣れ、子どもたちが活発になる時期です。行動範囲が広がり動きも大胆になるので、けがをすることがないよう注意して見守ります。その一方で、まだ甘えたいという気持ちもありますので、スキンシップをしっかりとるようにしましょう。

前月末の子どもの姿
- 保育者や友だちに興味をもち、自ら関わろうとしていた。
- 不安な気持ちや甘えたい気持ちを、言葉や動き、表情で保育者に示そうとしていた。

	ねらい	内容
【5領域】 健康 ✚ 人間関係 ♥ 環境 ▲ 言葉 ● 表現 ♪	✚生活に必要なことを自分からしようとする。健 ♥気の合う友だちと、同じ場で遊びを楽しむ。協 ▲春の自然や生き物に興味をもち、親しむ。然 ●自分の欲求を保育者に伝えようとする。言 ●絵本や紙芝居に親しみ、言葉に興味をもつ。言 ♪言葉の響きやリズムを感じる。感	✚食事の前や戸外活動のあとに自分から手洗い・うがいをしようとする。健 ♥ブロックや積み木、ままごと、砂遊びなど、友だちと同じ遊びをすることを楽しむ。協 ▲オタマジャクシやカエルなどが登場する絵本や図鑑にふれたり、実際に見たりする。然 ●自分のしたいことやしてほしいことを、保育者に言葉や動き、表情で伝えようとする。言 ●保育者の読み聞かせを聞きながら、でてくる言葉を一緒に口にすることを楽しむ。言 ♪皆で歌いながら、カスタネット、すずなどの楽器を鳴らすことを楽しむ。感

職員との連携
- 子どもは大人を見ていることを意識し、職員間でもていねいな言葉づかいを心がける。
- 散歩中や園外活動で気づいた危険な場所などについて職員間で伝達し合う。

家庭・地域との連携
- 4月につくったこいのぼりを持ち帰り、家庭でも行事を楽しんでもらえるようにする。
- 気温や湿度が高くなり、体温調整が必要になる日が増えるため、脱ぎ着しやすい衣服の着用をお願いする。

[10の姿（幼児期の終わりまでに育ってほしい姿）]
健…健康な心と体　自…自立心　協…協同性　道…道徳性・規範意識の芽生え　社…社会生活との関わり　思…思考力の芽生え
自然…自然との関わり・生命尊重　数…数量や図形、標識や文字などへの関心・感覚　言…言葉による伝え合い　感…豊かな感性と表現

5月 月案・保育所・みかんぐみ

養護のねらい
- 基本的な安全や健康の習慣について意識していけるようにする。
- 食事や休息をしっかりとり、十分に活動できるようにする。
- 友だちと関わりながら、園での生活に楽しさを感じられるように配慮する。

健康・安全への配慮
- 気温が高くなる日もあるため、適宜、水分や休息をとり、体調を崩さないよう気を配る。
- 安全確保のための園内でのルールや約束ごとについて繰り返し話をする。
- 戸外散歩では友だちと必ず手をつなぐことを約束し、注意して見守る。

行事
- こどもの日
- 身体測定
- 誕生会
- 避難訓練

環境構成	保育者の関わりと配慮事項
●手洗い・うがいをゆとりをもって行えるように、活動後の時間を長めにとる。	●保育者が実際に手本を見せて行う。
●子どもたちが慣れている玩具を用意し、好きなものに自然に手が伸びるようにする。	●トラブルが生じた際は、互いが納得できるよう保育者が気持ちを代弁したり言葉を補ったりする。
●戸外散歩のとき、公園の池など、実際にオタマジャクシやカエルがいる場所にでかける。	●オタマジャクシの成長の不思議、形のおもしろさを伝え、生き物を大切にする気持ちを育てる。
●安心して思いを伝えられるよう気持ちを受け止め、ていねいに関わる。	●思いを伝えようとしてうまくできないときには、保育者が気持ちをくみとる。
●リズムのおもしろい言葉など、口にだしたくなる楽しい言葉がでてくる物語を選ぶ。	●季節や行事に合ったテーマの絵本にこだわらず、子どもの希望を聞いて教材選びに反映する。
●カスタネット、すずなどを人数分用意し、好きな楽器を手にとれるようにする。	●子どもが好きな歌や興味をもった歌を選び、楽器に親しめるようにしていく。

食育
- こどもの日にかしわもちやちまきを食べる習慣を知る。
- 食事の前にはていねいに手を洗う。

反省・評価のポイント
- 子どもの反応を受け止め、適切に活動に反映していくことができたか。
- 子どもたちが歌を歌ったり、打楽器を鳴らしたりすることを楽しめるように援助できたか。

5月 月案・れもんぐみ

保育所

● CD-ROM → ■ 3歳児_月案
→ ■ p54-p59_5月の月案（れもんぐみ）

5月　れもんぐみ　月案
担任：B先生

今月の保育のポイント

連休明けは、疲れや生活リズムの乱れから情緒不安定になる子どもも見られます。一人ひとりの様子や体調に留意しながら、ゆっくりとペースを取り戻していきます。安全や生活のなかのルールなどを伝え、身のまわりのことを意識できるようにしていきましょう。

前月末の子どもの姿

- 毎日泣いていた子どもが、安定した気持ちで生活できるようになってきた。
- 帽子やかばんの置き場所がわかり、自分で身支度をしようとする姿が見られた。

	ねらい	内容
【5領域】 健康 ✚ 人間関係 ♥ 環境 ▲ 言葉 💬 表現 ♪	✚ 思い切り体を動かして遊ぶ。健 ✚♥ 順番を守ることの大切さに気づく。道 ▲ 交通ルールを理解して散歩をする。道 思 ▲ 公園で自然散策をするなかで季節の移り変わりに気づく。然 ♪♥ 皆と一緒に活動することを楽しむ。感 協 ♪ どろにふれ、形をつくることを楽しむ。感	✚ 鬼ごっこ、しっぽとりなど、簡単なルールのある遊びを楽しむ。健 道 ✚♥ ブランコ、すべり台など、園庭の固定遊具で順番を守って遊ぶ。道 ✚ 友だちと手をつなぎ、安全を意識しながら散歩を楽しむ。道 協 ▲ おおばこずもう、タンポポの種飛ばしなど、草花を使った遊びを楽しむ。然 ♪♥ 皆で歌い、言葉の響きやリズムを楽しむ。感 協 ♪ 園庭でどろの感触を楽しんだり、穴ほりや型抜きをしたりして遊ぶ。感

職員との連携

- 戸外での活動時、子どもが転びそうな場所や車の往来がある場所などを確認し、職員全体で共有しておく。
- 園全体で連休明けの子どもの体調に目配りし、気になる点について報告し合えるようにしておく。

家庭・地域との連携

- 連休中の出来事などを保護者から聞き、子どもたち一人ひとりの理解に結びつける。
- 活動中の水分補給について保護者に伝え、水筒を用意してもらう。

〔10の姿（幼児期の終わりまでに育ってほしい姿）〕
健…健康な心と体　自…自立心　協…協同性　道…道徳性・規範意識の芽生え　社…社会生活との関わり　思…思考力の芽生え
自然…自然との関わり・生命尊重　数…数量や図形、標識や文字などへの関心・感覚　言…言葉による伝え合い　感…豊かな感性と表現

5月 月案・保育所・れもんぐみ

養護のねらい
- 天候や気温に応じて帽子や衣服の着脱をする必要性やタイミングを子ども自身が感じられるように援助する。
- 活動のなかで友だちに安心して自分の気持ちを伝えることができるよう仲立ちする。

健康・安全への配慮
- 散歩コースに危険な場所がないか、確認しておく。
- 遊具を安全に使う方法を伝えていく。
- 活動中、適切に衣服を調節できるように留意する。

行事
- こどもの日
- 身体測定
- 誕生会
- 避難訓練

環境構成	保育者の関わりと配慮事項
のびのびと遊べるようスペースを確保しておく。	保育者も一緒に遊びに加わり、楽しさを皆で共有する。
1つの遊具に子どもが集中しすぎないよう、全体に目を配りながら見守る。	割り込みなどトラブルが生じた際は、納得できるように言葉で伝えていく。
道路を横切る横断歩道などのあるコースを事前に考えておく。	横断歩道の渡り方などをその場でその都度伝え、子どもたちが意識できるようにする。
タンポポが花から種になったことなど、4月からの季節の変化に気がつけるような声かけをする。	子どもたちの草花に対する発見やつぶやきを受け止める。
親しみのもてるリズムで、季節感のある歌を用意する。	保育者自身が楽しく歌ったり、体を動かしたりして楽しさを共有する。
じょうろ、シャベル、プリンカップなどの道具を多めに準備する。	イメージしたものをつくり、友だちと一緒に見立て遊びに発展できるように言葉をかける。

食育
- 園庭の菜園に水やりをし、野菜の生長に興味をもつ。
- スプーンやフォークを正しくもって食べる。

反省・評価のポイント
- 外を歩くときは、交通ルールを守ることが大切であることを伝えられたか。
- 保育者が率先して楽しむ姿を見せ、子どもの意欲を引き出すことができたか。

5月 月案・こあらぐみ

幼稚園・認定こども園

◎ CD-ROM → ■ 3歳児_月案
→ ■ p54-p59_5月の月案（こあらぐみ）

5月　こあらぐみ　月案
担任：C先生

今月の保育のポイント

緊張が解けてのびのびと活動する子どももいれば、園になかなかなじめない子どももいます。一人ひとりのペースを受け止めながら関わり、皆で一緒に楽しめる雰囲気をつくるよう心がけます。小さな発見や、自分でやろうとする姿勢をほめ、自信や意欲につなげていきましょう。

前月末の子どもの姿

- 園の環境に慣れてきた子どもも、ふとしたときに緊張や不安の表情を見せることがあった。
- 気に入った遊具を繰り返し使い、時間を過ごしていた。

	第1週	第2週
ねらい	▲♪遊びをとおして季節の行事に興味をもつ。然感 ✚保育者と一緒にやりながら、健康を保つための基本的な習慣を知る。健	♥▲保育者や友だちとふれあったり一緒に遊んだりすることを楽しむ。健協 ▲戸外散策を楽しみながら春の自然にふれる。然感
内容	▲♪「こいのぼり」の歌を歌ったり、こいのぼりの製作をしたりする。然感 ✚戸外遊びのあと、食事や排泄の前後に、手洗いやうがいをする。健	♥▲遊びのなかで、保育者や友だちの名前を覚え、親しみをもつ。協 ▲散歩に出かけ、虫や草花をみつける。然感
環境構成	● 満足感を得られるよう、少し手を加えれば自分のものができたうれしさを味わえる製作物を準備する。 ● 手洗いをしようという気持ちがもてるよう手洗い場は清潔に保つ。	● 一人ひとりの名前を呼んだりスキンシップをはかったりして、緊張や不安をほぐしていく。 ● 散歩コースや公園の安全を事前に確認しておく。
保育者の援助	● こいのぼり製作は好きな遊びのなかで行い、興味をもった子どもから取り組めるようにする。 ● 洗い方やせっけんのあわだて方などの手本を見せて、言葉でも伝える。	● 「貸して」「入れて」「いいよ」など、遊びの場面で必要な言葉を保育者が使って知らせる。 ● 「お花がきれいだね」などと声をかけながら、自然物をみつけた喜びを共有する。

職員との連携

- 子どもが園に慣れ、活発に動くようになるので職員間で注意事項を確認する。
- 連休明けで不安定な親子の気持ちを受け止め、一人ひとりとていねいに関わり、保護者からの連絡事項で留意すべきことを、保育者間で共有する。

家庭・地域との連携

- 弁当について、子どもの食べやすい大きさや内容を伝える。
- 園で覚えた歌や手遊びなどについて伝え、家庭でも園での活動を話題にしてもらう。

［5領域］ ✚…健康　♥…人間関係　🌲…環境　💬…言葉　♪…表現

［10の姿（幼児期の終わりまでに育ってほしい姿）］
健…健康な心と体　自…自立心　協…協同性　道…道徳性・規範意識の芽生え　社…社会生活との関わり　思…思考力の芽生え
然…自然との関わり・生命尊重　数…数量や図形、標識や文字などへの関心・感覚　言…言葉による伝え合い　感…豊かな感性と表現

🎯 月のねらい

- ✚ 園生活の流れや基本的な生活習慣を知り、自分でできる身のまわりのことを自分でする。健自
- ♥🌲 保育者や友だちとふれあいながら、遊びや行事を楽しむ。協感
- 🌲♪ 春の自然に関心をもち、楽しみを見つける。然感

🎂 行事

- こどもの日
- 親子遠足
- 身体測定
- 健康診断
- 誕生会

5月　月案・幼稚園・認定こども園

第3週	第4週
♥🌲保育者や友だちと関わりながら遊ぶことを楽しむ。道 ✚体を動かして保育者や友だちと遊ぶ。健	♥💬自分のしたいことやしてほしいことを行動や表情、言葉で伝えようとする。自言 🌲植物の変化に関心をもつ。然
♥🌲好きな遊びをみつけ、保育者や友だちと一緒に楽しむ。協 ✚追いかけっこなど、思いきり体を動かして遊ぶ。健	♥💬自分のしたいこと、手伝ってほしいことを行動や言葉で保育者に伝える。自言 🌲園庭の草花や野菜の育ち、つぼみと花、小さな芽の成長などをみつける。然感
・遊びの様子に応じて場を広げたり整えたりする。 ・のびのびと遊べるようスペースを確保する。	・一人ひとりにていねいに関わり、思いを伝えやすい雰囲気をつくる。 ・園庭にある野菜や草花の絵本を用意する。
・遊具の出し入れなどできることは自分でできるよう声かけをする。 ・人見知りをする子にはゆったりと関わり、徐々に友だちの輪に入れるように配慮する。	・言葉にできない気持ちを表情や行動から察し、保育者に受け止めてもらえた安心感がもてるようにする。 ・「かわいいね」「大きくなったね」などの子どものつぶやきを大切に受け止め、興味が続くようにする。

🍴 食育

- こどもの日に食べるかしわもちについて話を聞く。
- 園庭の菜園で栽培している野菜の生長に気づく。

✅ 反省・評価のポイント

- 保育者や友だちと楽しく遊べるような援助や環境設定ができたか。
- 春の自然にふれることができたか。

5月 週案・れもんぐみ　保育所

CD-ROM → 3歳児＿週案→p60-p61_5月の週案

誕生会

5月　れもんぐみ　週案
担任：B先生

予想される子どもの姿
- 保育者と一緒にまわりの友だちに「○○やろう」と声をかけ、少人数で一緒に遊ぶ。
- 保育者の声かけで遊んだあとに手を洗ったり、暑くなったら上着を調節したりする。

	5月○日（月）	5月○日（火）	5月○日（水）
活動予定	園周辺の散歩（公園散策）	室内遊び（誕生会の準備）	誕生会
内容	✚♥ 友だちや保育者と手をつないで公園まで歩くことを楽しむ。健 協 🍒 交通ルールを意識して歩く。道 数	♪ 折り紙を使って誕生会の飾りをつくる。感 ♪ 皆で歌を歌うことを楽しむ。感	♥ 皆で誕生児をお祝いする雰囲気を楽しむ。協 ♥ 誕生児に親しみの気持ちをもって過ごす。協
環境構成	● 絵本を用意し、横断歩道の渡り方、信号機の見方をわかりやすく伝えておく。	● さまざまな色の折り紙を用意し、配色を楽しみながら輪飾りをつくるようにする。 誕生会の前日に皆で飾りをつくって、誕生会の雰囲気を盛り上げましょう。	● 誕生カード、パネルシアターなどを準備しておく。
保育者の配慮	● 列の間隔を保ちながら歩けるよう留意し、声をかけていく。 ● 信号機の見方、横断歩道ではどうしたらよいかをその都度伝える。	●「今月は○○ちゃんの誕生会だね」などと声をかけ、皆で誕生日をお祝いする気持ちをもつようにする。 ● 子どもたちが製作している様子を見守り、できないところはさりげなく手伝う。	● 誕生児を祝う・祝われる喜びが感じられるように声をかける。

[5領域] ✝…健康 ♥…人間関係 ▲…環境 ●…言葉 ♪…表現

[10の姿（幼児期の終わりまでに育ってほしい姿）]
健…健康な心と体　自…自立心　協…協同性　道…道徳性・規範意識の芽生え　社…社会生活との関わり　思…思考力の芽生え
然…自然との関わり・生命尊重　数…数量や図形、標識や文字などへの関心・感覚　言…言葉による伝え合い　感…豊かな感性と表現

🎯 ねらい

- ▲ 交通ルールを知り、守ろうとする。道
- ♥ 友だちと一緒に遊ぶことを楽しむ。協
- ♥ 身のまわりのことをすすんでしようとする。自

✅ 振り返り

積極的に友だちに声をかける子、保育者から離れない子などさまざまなので、一人ひとりの気持ちを十分受け止め、クラスで楽しめる雰囲気をつくっていきたい。

	5月○日（木）	5月○日（金）	5月○日（土）
	園庭遊び（砂場遊び）	運動遊び（鬼ごっこ、しっぽとり、ボール遊びなど）	異年齢保育 園庭遊び
	✝▲砂場で、水やどろの感触を楽しんで遊ぶ。健然 ♥友だちと一緒に山をつくったり、穴をほったりして楽しむ。協思	♥✝友だちと十分に体を動かして遊ぶ。協健 前日は砂場、金曜日は運動と、さまざまなかたちで友だちと遊べるようにします。	✝▲固定遊具、砂場などで好きな遊びを楽しむ。健自
	●好きな道具で遊べるよう、じょうろ、スコップ、バケツ、プリンカップなどを用意しておく。	●体を動かして暑くなったら、すぐに上着を脱げるよう、衣服を置く場所を決めておく。	●年長児に圧倒されて十分に遊びができないことがないように、子どもたちが遊んでいる場所に目を配る。
	●感触を楽しむなかで、子どもが発見したり試そうとしたりすることに共感していく。 ●遊びのあとは、ていねいに手を洗うことを伝える。	●天候、気温に注意しながら、休息や水分補給する大切さを子どもたちに伝えていく。 ●遊びをとおして、保育者やいろいろな友だちとふれあえるようにする。	●異年齢児同士で関わって遊べるよう、保育者が仲立ちする。

5月の遊びと環境

その① タンポポ遊び

用意するもの タンポポ

環境のポイント
アレルギーでかゆみがでる子どもがいたら、別の遊びを用意しておきましょう。

タンポポの種を吹いたり、茎の切り口で腕に模様をつける。

白いあとがつく

そのほかには……

タンポポでおしゃれをして遊ぼう

ゆびわ
茎を割いて
うでわ
タンポポの葉でひげ

活動の内容
- タンポポの特徴、感触を楽しむ。
- イメージをふくらませ、見立て遊びを楽しむ。

その② 砂遊び

用意するもの バケツ、シャベル、プリンカップ（そのほか形がつくれる型）

環境のポイント
子どもたちが自分で好きな道具を選べるようバケツやシャベル、プリンカップを十分な数用意しておきましょう。

活動の内容
- 汚れを気にせず、砂やどろの感触を楽しむ。
- 砂やどろで形をつくることを楽しんで遊ぶ。

山をつくったり、水を流して川にしたりして遊ぶ。

慣れてきたら……

ごっこ遊び

カップで型抜きしたもの、どろ団子をつくってお店やさんごっこ。

5月の文例集

[5領域] ✚…健康 ♥…人間関係 ♣…環境 💬…言葉 ♪…表現

[10の姿（幼児期の終わりまでに育ってほしい姿）]
健…健康な心と体　自…自立心　協…協同性
道…道徳性・規範意識の芽生え　社…社会生活との関わり
思…思考力の芽生え　然…自然との関わり・生命尊重
数…数量や図形、標識や文字などへの関心・感覚
言…言葉による伝え合い　感…豊かな感性と表現

◉ CD-ROM → 📁 3歳児_季節の文例集→ p63_5月の文例集

前月末の子どもの姿

- 新しい保育者や友だちに慣れてきて、一緒に遊ぶ姿が見られた。
- 幼児用トイレにしだいに慣れ、自分から行こうとするようになってきた。

養護のねらい

- 自分からトイレに行けるよう、タイミングを見ながら声かけをする。
- 安定した気持ちで1日を過ごせるように、子どもの思いや欲求を受け止める。

健康・安全への配慮

- 戸外での活動が増えてくるので、くつや帽子などの外遊び用の身支度が整っているか確認する。
- 散歩のときには、安全のため手をつないで歩くことを習慣づける。

ねらい

- ✚ 身のまわりのことを自分でしようとする。健 自
- ♪ 保育者とのスキンシップをとおして、音遊びを楽しむ。感
- ♥ 異年齢児との関わりに興味をもつ。協 自 社

内容

- ✚ 身支度のしかた、トイレの使い方などがわかり、自分でしようとする。健 自
- ♪ 保育者の行う手遊びやリズム遊びに興味をもち、一緒に遊んでみる。感
- ♥ 年長児と関わり、まねて動いてみる。協

環境構成

- 一人ひとりのマークを決め、自分の持ち物をだしたり片づけたりしやすいように示す。
- 季節に関連する手遊び「茶摘み」を準備しておく。
- 5歳児クラスの担任と異年齢保育の時間や活動について打ち合わせておく。

保育者との関わりと配慮事項

- 自分でしようとする気持ちを認め、できたときは満足感が感じられるようにする。
- やってみたいと思えるように、保育者が楽しく歌ったり、体を動かしながら一緒に遊んだりする。
- 年長児に圧倒されてしまう子どももいるので、近くで見守り、必要に応じて仲立ちする。

職員との連携

- 連休明けの子どもたちの健康状態について職員間で共有する。
- 登園時に保護者の様子も観察し、気になることがあったときは職員間で情報を共有しておく。

家庭・地域との連携

- 散歩の機会が増えるので、地域の掲示板等を利用して近隣の人たちに理解と協力をお願いする。
- 連休中の体調管理、生活リズムの維持について保護者に協力してもらえるよう、園だよりにて周知させる。

食育

- 食具の正しい持ち方を身につける。
- 自分の分の給食をすべて食べようとする。

5月 遊びと環境・文例集

6月 月案・みかんぐみ　保育所

CD-ROM → 3歳児_月案
→ p64-p69_6月の月案（みかんぐみ）

6月　みかんぐみ　月案
担任：A先生

今月の保育のポイント

梅雨期ならではの自然に出会う喜び、雨の恵みを感じられるように言葉がけをしていきましょう。また、盛夏にさきがけて汗を拭いたりシャワーを浴びたりする心地よさを実感し、自分で身のまわりのことをしようとする意欲に結びつけていきます。

前月末の子どもの姿

- 気に入った遊びを楽しむ姿や、同じ絵本を繰り返しながめる姿があった。
- 自分の思いが通らず、手がでてしまう場面があったが、保育者が気持ちを受け止めることでしだいに我慢できるようになってきている。

	ねらい	内容
【5領域】 健康✚ 人間関係♥ 環境▲ 言葉● 表現♪	✚衣服の着脱など身のまわりのことを自分でしようとする。健自 ✚戸外で全身を使って遊ぶことを楽しむ。健 ✚保育者や友だちと簡単なやりとりをして遊ぶことを楽しむ。健協 ✚自分なりに表現することを楽しむ。健感 ▲戸外で花や生き物に出あい、季節を感じる。然 ♪身近な素材を使って遊ぶことを楽しむ。感	✚自分で汗を拭いたり、暑さを感じて自分から上着を脱いだりしようとする。健自 ✚鬼ごっこや電車ごっこ、固定遊具など好きな遊びをする。健 ✚ボール渡しなど、簡単なルールのあるボール遊びを保育者や友だちと楽しむ。健協道 ✚音楽に合わせて自分なりに体を動かすことを楽しむ。健感 ▲戸外にでて、アジサイ、カタツムリなどを観察したり、触ったりして楽しむ。然 ♪さまざまな色の絵の具を自由に混ぜ、色の変化に気づく。感思

職員との連携

- 室内遊びが充実するよう、職員間で盛り上がった遊びについて情報交換を行う。
- 感染症や熱中症などの情報を整理し、予防・対策を共有・実施する。

家庭・地域との連携

- 雨具への記名をお願いする。
- 子ども間のトラブルについては、マイナス要因ではなく成長の一環であることを保護者に伝える。
- 雨の日に気をつける交通ルールなどを保護者にも伝え、子どもたちの安全を守っていく。

[10の姿（幼児期の終わりまでに育ってほしい姿）]
健…健康な心と体　自…自立心　協…協同性　道…道徳性・規範意識の芽生え　社…社会生活との関わり　思…思考力の芽生え
然…自然との関わり・生命尊重　数…数量や図形、標識や文字などへの関心・感覚　言…言葉による伝え合い　感…豊かな感性と表現

6月 月案・保育所・みかんぐみ

養護のねらい
- 身のまわりを清潔にする心地よさを感じ、衛生習慣を身につけていけるようにする。
- 保育者に見守られながら、安心して自分を表現できるようにする。

健康・安全への配慮
- 汗を拭いたりシャワーを浴びたりする心地よさを感じられるようにする。
- 砂や土で遊んだあとは、手をよりていねいに洗うよう伝えていく。
- 気温の高い日は、空調管理や戸外活動の時間に配慮する。

行事
- 身体測定
- 歯科検診
- 誕生会
- 避難訓練

環境構成	保育者の関わりと配慮事項
● 汗拭きタオルや脱いだ上着の置き場所をつくり、子どもたちに伝えておく。	●健「暑いね」「汗かいてるね」などのさりげない声かけで、子どもが自発的に行動に移れるよう援助をする。
● 雨が降った翌日は水たまりやぬかるみの場所を確認し、すべってけがをすることのないよう重点的に見守る。	●健 梅雨の晴れ間を活用して思いきり体を動かせるよう見守り、適宜、水分補給タイムもとる。
●感 いろいろな色のボールを用意しておき、好きな色のボールで遊べるようにする。	●感「赤いボールがきたらジャンプ！」など、簡単なルールをつくり、保育者が見本を示す。
●健 周囲を気にせずに全身をのびのびと動かせるスペースで行う。	● 子どもの楽しい発想を認め、「いいね」と動きをまねして、意欲的に行えるようにする。
●然 カタツムリなどの虫を園に持ち帰ることができるよう、容器を用意しておく。	●然 園で飼育する場合は飼育方法を伝え、命を大切にする気持ちを育んでいく。
●感 絵の具皿や筆は多めに用意し、完成した色味をしばらくそのまま残しておけるようにする。	●感 子どもたちが集中できるよう少人数のグループで、色の不思議さを楽しめるようにする。

食育
- 雨が農作物の生長に必要なものであることを知る。
- 夏野菜が登場する絵本や歌を通じて、食べ物に親しみをもつ。

反省・評価のポイント
- 梅雨期も体をしっかり動かせるよう、天候に応じて活動内容を変える保育ができたか。
- 身のまわりのことを自分でしようとする意欲を引き出す言葉がけができたか。

6月 月案・れもんぐみ　保育所

CD-ROM → 3歳児_月案
→ p64-p69_6月の月案（れもんぐみ）

6月　れもんぐみ　月案
担任：B先生

今月の保育のポイント

雨が多く湿度が高いこの時期は、子どももストレスがたまりがちです。各クラスが協力し合って、室内でもたっぷり体を動かせるスペースを確保します。子どもが夢中になれるバリエーション豊かな遊びを準備し、提案していきましょう。

前月末の子どもの姿

- 草花に興味をもち、名前を保育者に尋ねたり同じものを探したりすることを楽しんでいた。
- 環境に慣れ、ふざけて危険な遊び方をしてしまう子どもがいた。

【5領域】 健康✚ 人間関係♥ 環境🍁 言葉💬 表現♪	ねらい	内容
	✚身のまわりのことをていねいに自分から行おうとする。健自	✚尿意を感じたときに保育者に言葉で伝え、トイレで排泄する。健自
		✚歯ブラシを自分でもって歯みがきをしたり、ガラガラうがいをしようしたりとする。健自
	♥遊びのなかで友だちに関心をもつ。協道	♥ままごとやブロックなど遊びのなかで友だちに関心をもち、同じように遊んだり動いたりする。協
	✚時計に興味をもち、時間を意識し見通しをもって行動しようとする。道健思	✚保育者の声かけで時計を見たり、時間に気づいたりする。道思
	🍁梅雨期の自然にふれ、植物や生き物に関心をもつ。然	🍁アジサイ、カタツムリなどに出あい、見たりふれたりして楽しむ。然思
	♪季節の歌を歌うことを楽しむ。感	♪「あめふり」「かたつむり」など、季節の歌を楽しむ。感

職員との連携

- 活動中の水分補給の方法について、職員間で情報を共有し合う。
- 梅雨時なので、職員が分担して遊具を消毒するなどの衛生管理を行う。

家庭・地域との連携

- 汗をかきやすい時期なので、通気性のよい衣服を用意してもらう。
- 雨具やタオル、ハンカチなどへの記名をお願いする。

[10の姿（幼児期の終わりまでに育ってほしい姿）]
健…健康な心と体　自…自立心　協…協同性　道…道徳性・規範意識の芽生え　社…社会生活との関わり　思…思考力の芽生え
然…自然との関わり・生命尊重　数…数量や図形、標識や文字などへの関心・感覚　言…言葉による伝え合い　感…豊かな感性と表現

養護のねらい

- 衛生に気を配りながら、梅雨期を健康に過ごす。
- 時間を意識し、見通しをもって行動できるようにする。
- 活動中に汗をこまめに拭いたり、水分補給することを伝えていく。

健康・安全への配慮

- 歯の正しいみがき方、うがいのしかたを伝える。
- 雑菌が発生しやすいので、食べ物の管理に細心の注意を払う。
- 園内の空調機器の掃除や、故障がないかのチェックをしておく。

行事

- 身体測定
- 歯科検診
- 誕生会
- 避難訓練

6月　月案・保育所・れもんぐみ

環境構成	保育者の関わりと配慮事項
●トイレは常に清潔に保ち、照明や壁の色彩なども明るい雰囲気にしておく。	●水分補給に気を配る時期は、排尿間隔も変わってくるので子どもの様子に気を配る。
●自分の歯ブラシやコップの場所がわかるよう、マークをつけ、一人ひとりの置き場所を決めておく。	●時間がかかってもていねいに行うようにし、さっぱりした心地よさを言葉で伝えていく。
●落ち着いてじっくりと遊びを展開していけるよう遊びごとに場を区切る。	●遊びのなかでトラブルが起きた際には、互いの気持ちを知ることができるよう、保育者が仲立ちする。
●時計の針がよく見える大きな時計を子どもたちが見やすい場所に掛けておく。	●「長い針が上にきたら片づけるよ」などと伝え、見通しをもった行動ができるようにする。
●アジサイやカタツムリが見られる場所を事前に調べておく。	●植物や生き物の形のおもしろさに気づいたり、名前を口に出すことを楽しめるようにする。
●雨が降ったときに歌い、カタツムリは実物や写真などを準備しておく。	●歌詞の意味をわかりやすく伝えながら、歌う楽しさが感じられるようにする。

食育

- 梅雨期から初夏に大きく変化する夏野菜（ナス、キュウリ、トマトなど）の畑を見学する。
- 「シャリシャリ」「パリパリ」など、食べたときの食感のおもしろさに気づく。

反省・評価のポイント

- 歯みがきやうがいが自分でできたときは、それを認め、心地よさに共感することができたか。
- 友だちと関わりたいと思えるような活動や環境を設定できたか。

6月 月案・こあらぐみ

幼稚園・認定こども園

◎ CD-ROM → 📁 3歳児_月案
→ 📁 p64-p69_6月の月案（こあらぐみ）

6月　こあらぐみ　月案
担任：C先生

今月の保育のポイント
徐々に社会生活のルールを身につけていくことが望まれます。自分で気がつくようになる過程をゆったりと見守っていきましょう。友だちや保育者の姿を見て、まねることをとおして覚えることもありますから、言葉だけで伝えず、日々繰り返し行って自然に習慣づけていくようにしましょう。

前月末の子どもの姿
- いろいろな場所や遊具に目が向くようになり、次々に新しい遊びをやってみようとする姿が見られた。
- 思い通りにならないと泣いたりするなど、子ども同士のトラブルが増えた。

	第1週	第2週
ねらい	✚遊具を使って、体を動かす遊びを楽しむ。健 ✚虫歯予防デーをとおして、歯の大切さを知る。健	▲身のまわりの自然に興味をもち、関わって遊ぶ。然 ♪♥皆で一緒に活動することを楽しむ。感思
内容	✚園庭や室内で、遊具の安全な使い方を遊びながら覚える。健 ✚うがいを自分でしようとする。健	▲園庭や公園でオタマジャクシやカエル、カタツムリ、アジサイなどの動植物を見たりふれたりして楽しむ。然 ♪さまざまな用具を使ってのびのびとアジサイの製作をする。協感思
環境構成	●雨の日は巧技台、マットなどを用意し、屋内でも十分に体を動かせるようにする。 ●絵本や紙芝居を使い、歯の大切さが理解できるようにする。	●「かえるのうた」「かたつむり」などの歌を歌い、より親しみがもてるようにする。 ●自由に製作できるようクレヨンやスタンプを多めに用意し、一人ひとりの表現を認める。
保育者の援助	●いつも同じ遊具で遊んでいる子どもには、さまざまな遊具を体験できるよう声かけをする。 ●歯みがきについて、家庭での仕上げみがきを保護者にお願いする。	●オタマジャクシやカエル、カタツムリの絵本を用意し、興味がもてるようにする。 ●活動のなかで友だちの存在に気づき、友だちと同じ場で過ごす心地よさが味わえるよう声かけをする。

🤝 職員との連携
- 食中毒が発生しないよう園内の衛生管理について話し合う。
- 降雨量が多くなった場合に、園内や園の近辺で危険なところがないかを確認し、対策を共有しておく。

📖 家庭・地域との連携
- 梅雨に備え、傘や雨がっぱ、長靴への記名を保護者にお願いする。
- 食中毒にならないよう、弁当づくりの際の衛生管理に気をつけてもらうよう伝える。

〔5領域〕 ✚…健康 ♥…人間関係 ▲…環境 ●…言葉 ♪…表現

〔10の姿（幼児期の終わりまでに育ってほしい姿）〕
健…健康な心と体　自…自立心　協…協同性　道…道徳性・規範意識の芽生え　社…社会生活との関わり　思…思考力の芽生え
然…自然との関わり・生命尊重　数…数量や図形、標識や文字などへの関心・感覚　言…言葉による伝え合い　感…豊かな感性と表現

🎯 月のねらい

- ▲ 身のまわりの環境や活動に興味をもち、自分から関わろうとする。然 思 感
- ▲ 梅雨期の自然にふれ、関心をもって楽しむ。然
- ✚ 健康や安全について知り、必要なルールを守る。道 健

🎂 行事

- 虫歯予防デー
- 身体測定
- 交通安全指導
- 保育参観
- 誕生会

第3週	第4週
▲身のまわりの自然に興味をもち、関わって遊ぶ。然 感 ✚基本的な交通ルールを知る。健 道	♥友だちの動きに興味をもち、同じ動きをしたり部分的に関わったりする。協 ♪砂を使って遊び、感触を楽しむ。言
▲雨の日に水滴や水たまりに興味をもって関わる。然 感 ✚交通ルールを知り、道の歩き方や横断歩道の渡り方などを散歩コースで実践する。健 道	♥友だちと一緒に同じ遊具、同じ場、同じ動きの遊びを楽しむ。協 思 ♪砂にたくさんふれ、関わることで形が変化することを楽しむ。言
●葉っぱの上の水、水たまりの場所などを前もって把握しておく。 ●絵本やパネルシアターを使い、子どもと一緒に交通ルールを確認する。	●好きな遊びを友だちと楽しめるよう、必要に応じて遊びごとにコーナーを区切る。 ●砂の感触が苦手な子どもには、保育者が遊んでみせたり、用具に興味をもって関わりたくなるようにしたりする。
●保育者も一緒に楽しく遊ぶことで雨や水に興味がもてるようにする。 ●戸外に出かけるときは、一人ひとりの行動に目を配りながら引率する。	●トラブルが生じたときは、それぞれの気持ちを受け止め、代弁したり、伝え方のモデルを示したりする。 ●砂が固まったり崩れたりして形が変わるおもしろさに共感する。

🍴 食育

- よくかんで食べることの大切さを知る。
- 食べ物の出てくる話や歌などで、食事に対する興味を広げる。

☑ 反省・評価のポイント

- 虫歯予防や交通ルールなどについて、親しみやすく説明することができたか。
- 子どもたちが興味をもったものに、のびのびと関わることができるような環境づくりができたか。

6月・月案・幼稚園・認定こども園

6月 週案・みかんぐみ 保育所

CD-ROM → 3歳児_週案→p70-p71_6月の週案

梅雨

6月 みかんぐみ 週案
担任：A先生

 予想される子どもの姿
- 雨や高温多湿の気候にストレスを感じ、体調を崩しやすくなる。
- カエルやカタツムリに興味をもち、友だちと絵本や写真を見る。

	6月○日（月）	6月○日（火）	6月○日（水）	
活動予定	室内遊び（ブロック、積み木、ままごと、絵の具遊びなど）	室内遊び（リトミック）	室内遊び（絵本、歌） 水曜日に絵本や歌で梅雨期の自然物に興味をもちます。	
内容	♥好きな遊びをみつけ、じっくり楽しむ。自 ♪絵の具を混色し、手指やスポンジを使ってスタンプ遊びをする。感思	✚リズムに合わせてのびのびと体を動かす。健 梅雨の時期は室内遊びが多くなりますが、週に2日は体を動かす活動を取り入れましょう。	▲絵本や写真をとおして、雨やカエル、カタツムリなどの自然物に興味をもつ。然 ▲♪「かえるのがっしょう」「かたつむり」など季節の歌に親しむ。然感	
環境構成	●ブロック、積み木、ままごとなどを用意し、好きな遊びを選べるようにする。 ●混色すると色が変化することがわかりやすいように、赤、青、黄の絵の具を用意する。	●広いスペースを用意し、まわりを気にせずに体を動かせるようにする。	●子どもたちが好きなときに絵本を見られるように配置する。 ●カエル、カタツムリ、アジサイなどの掲示物や写真で壁面を飾る。	
保育者の配慮	●絵の具を使用したあとは、ていねいに手を洗うよう伝える。	●保育者も参加して、体を動かす楽しさを伝える。 ●気乗りしない子どもには無理強いせず、参加したい気持ちが見られたら少しだけでも参加できるよう促す。	●雨と生き物の関係について興味が深まるような話をする。	

[5領域] ✚…健康 ♥…人間関係 ▲…環境 ●…言葉 ♪…表現

[10の姿（幼児期の終わりまでに育ってほしい姿）]
健…健康な心と体　自…自立心　協…協同性　道…道徳性・規範意識の芽生え　社…社会生活との関わり　思…思考力の芽生え
然…自然との関わり・生命尊重　数…数量や図形、標識や文字などへの関心・感覚　言…言葉による伝え合い　感…豊かな感性と表現

🎯 ねらい

- ▲ 梅雨期の自然にふれて楽しむ。然
- ♥ 安心して、じっくり集中して遊ぶ。自
- ✚ 身のまわりを清潔にする心地よさを知る。健

✅ 振り返り

雨や湿度が高い日が続き、不快感からストレスをかかえている様子があった。梅雨を楽しみ興味をもてる活動、室内でも思いきり体を動かせる活動を引き続き心がけていきたい。

6月　週案・保育所・みかんぐみ

6月○日（木）	6月○日（金）	6月○日（土）
公園散策　　　　　　　　　　　　　　木曜日には公園で実際にふれるようにします。	室内遊び（巧技台、フラフープ）	異年齢保育　絵本の読み聞かせ
▲公園で梅雨期の自然物をみつけてふれることを楽しむ。然	✚遊具を使って、いろいろな体の動きに挑戦する。健自　　　　　　　　　　梅雨の時期は室内遊びが多くなりますが、週に2日は体を動かす活動を取り入れましょう。	●異年齢児と一緒に絵本の世界を楽しむ。言協
●みつけた虫や生き物を園に持ち帰ることができるよう、ケースを用意する。	●危険なときは援助できる距離に保育者を配置し、注意して見守る。	●読み聞かせのあと、絵本にでてくる言葉のやりとりを、異年齢児とともに楽しむ時間を設ける。
●生き物の飼い方を子どもにわかりやすく伝え、飼育への自覚がもてるようにする。●カタツムリなどの生物に触ったあとは、ていねいに手を洗うことを伝える。	●活動中に自分で汗を拭いたり、水分補給したりできるように伝えていく。●簡単なことから段階的に挑戦し、少しずつできるようになる満足感を味わえるように導く。	●言葉のリズムがおもしろい絵本、季節感に合った絵本を選び、会話が広がるようにする。

6月の遊びと環境

その① ボール遊び（ボールくんを助けよう！）

用意するもの 小さめのボール、フープ（またはなわとびで輪をつくる）

活動の内容
- ボールをつかんだり投げたりすることに慣れる。
- 簡単なゲームのルールを理解して遊ぶ。

環境のポイント
思いきり遊べるように十分なスペースを確保しておきましょう。ボールにはシールで顔をつけておきましょう。

フープの中にボールを置き、ボールを投げたり転がしたりして当てて外にだす。

慣れてきたら……

制限時間を決めて、チームで遊ぼう。

その② ぴょこぴょこガエル

用意するもの なし

床に両手をついて、頭を低くする。

両手をついたままはね上がるイメージで、両足で床をけり、両足を両手の間に入れる。

慣れてきたら……

大きくとんだり、小さく連続してとんだりしていろいろな動きを楽しむ。

活動の内容
- 梅雨期の生き物に関心をもつ。
- カエルになりきって動きを楽しむ。

6月の文例集

[5領域] ✚…健康 ♥…人間関係 ▲…環境 💬…言葉 ♪…表現
[10の姿（幼児期の終わりまでに育ってほしい姿）]
健…健康な心と体 自…自立心 協…協同性
道…道徳性・規範意識の芽生え 社…社会生活との関わり
思…思考力の芽生え 然…自然との関わり・生命尊重
数…数量や図形、標識や文字などへの関心・感覚
言…言葉による伝え合い 感…豊かな感性と表現

● CD-ROM → 📁 3歳児_季節の文例集→p73_6月の文例集

前月末の子どもの姿

- リズム遊びを楽しみ、自分から積極的に歌ったり体を動かしたりしようとしていた。
- 珍しいものをみつけると、保育者のところにもってきて、質問する姿が多く見られた。

養護のねらい

- 保育者との信頼関係を深めていき、1日を安定して過ごせるようにする。
- 必要なときに自分から手洗いやうがいができるよう、園内の掲示や手洗い場の環境を整える。

健康・安全への配慮

- 傘を差して歩くときの決まりについて、子どもたちにわかりやすく説明する。
- 食中毒防止のため、子どもも職員も手洗いとうがいを徹底し、必要な場所・ものは消毒をする。

ねらい

- ▲ 身のまわりをきれいにしようとする。道
- ♪ 自分なりに表現することを楽しむ。感
- ♥ 友だちに関心をもち、関わろうとする。協

内容

- ▲ 遊んだあとの片づけのしかたがわかり、自分でしようとする。道
- ♪ 散歩に行ったときに見たりふれたりしたものを絵で表現する。感
- ♥ 鬼ごっこなど、簡単なルールのある遊びを友だちと一緒に楽しむ。協

環境構成

- 玩具・遊具をしまう箱にわかりやすい目印（マーク、イラスト）をつけておく。
- 散歩の際に見たものを描けるよう絵本や写真を用意しておく。
- 気の合った友だち同士でじっくり遊べるようスペースを確保する。

保育者との関わりと配慮事項

- 最初は保育者が一緒に手伝い、少しずつ自分たちでできるようにしていく。
- 描いた絵を見て一人ひとりほめ、子どもたちが満足感を得られるようにする。

職員との連携

- 下駄箱の周囲がぬれやすいので、モップがけの回数を増やすなど、職員全員で梅雨時の安全対策を考える。
- 体調を崩している子どもの症状について、園全体で把握する。

家庭・地域との連携

- 湿度が高いこの時期は体が疲れやすいので、家庭でも十分な休息をとることをお願いする。
- 水分補給や感染症予防について、園だよりで知らせる。

食育

- 自分で食べられる食事の量を少しずつ覚える。
- こぼさないで食べられるよう注意して食べる。

6月 遊びと環境・文例集

7月 月案・みかんぐみ　保育所

CD-ROM → 3歳児_月案
→ p74-p79_7月の月案（みかんぐみ）

7月　みかんぐみ　月案
担任：A先生

今月の保育のポイント

水遊び、どろ遊びをたっぷり楽しめる季節です。水にふれるのを嫌がる子どもにも配慮しながら、皆で楽しめる雰囲気をつくりましょう。プール開きに期待感をもちながら、プールでの約束ごとをしっかり聞くことができるようにしていきます。

前月末の子どもの姿

- 自分で汗を拭いたり、上着を脱いで体温調節をしようとする子どもたちが増えてきた。
- 生き物や草花に興味をもち、保育者に名前を聞く姿が見られた。

【5領域】 健康✚ 人間関係♥ 環境🌲 言葉💬 表現♪	ねらい	内容
	✚プール遊びに楽しんで参加する。健	✚水の気持ちよさを感じて、プールで楽しく遊ぶ。健
	♪絵の具やどろの感触を楽しむ。感	♪ボディペインティングやどろ遊びを全身で楽しむ。感
	♥好きな遊びをとおして友だちと関わる。協	♥💬遊びの楽しさを友だちと言葉や動き、表情で伝え合う。協言
	🌲季節の虫や草花に親しむ。然	🌲虫や草花の名前を知り、生き物の色や形に興味をもつ。然
	🌲七夕に親しみ、興味をもつ。感社	♪笹飾りを製作したり、短冊に願いを書いたりすることを楽しむ。感思
	♪季節の歌を歌い、リズムに合わせて体を動かすことを楽しむ。感	♪「たなばた」「うみ」など、曲の雰囲気を感じ取って、歌ったり体を動かしたりする。感

職員との連携

- 熱中症予防に留意し、体調の悪い子どもの情報管理、伝達について話し合っておく。
- プール遊びの際の保育者の配置、気をつけるポイントについて確認し合う。

家庭・地域との連携

- プール遊びで必要なもの、具体的な活動内容、園での安全対策について保護者に伝える。
- 各家庭の夏期休暇の予定について確認する。
- 地域の夏まつりに参加する。

[10の姿（幼児期の終わりまでに育ってほしい姿）]
健…健康な心と体　自…自立心　協…協同性　道…道徳性・規範意識の芽生え　社…社会生活との関わり　思…思考力の芽生え
自然…自然との関わり・生命尊重　数…数量や図形、標識や文字などへの関心・感覚　言…言葉による伝え合い　感…豊かな感性と表現

7月 月案・保育所・みかんぐみ

養護のねらい
- 身のまわりを清潔にする心地よさを感じられるようにする。
- さまざまな活動を通じて、友だちとの関わりを深められるようにする。

健康・安全への配慮
- プール遊びを安全に行えるよう保育者を配置する。
- 戸外で遊んだあとはしっかり休息をとれるようにする。
- 水分補給、空調管理など、熱中症対策を徹底する。

行事
- プール開き
- 七夕まつり
- 身体測定
- 誕生会
- 避難訓練

環境構成	保育者の関わりと配慮事項
●事故が起こらないように、保育者の立ち位置に配慮する。	●水を嫌がる子もいるので、無理強いせず水の冷たさや心地よさなどを伝え、安心感を引き出す。
●絵の具やどろの汚れをしっかり落とせるよう着替えやシャワーなどの時間を十分に設ける。	●絵の具の感触に抵抗のある子どもには、スポンジにつけて慣れるなど、段階を踏んで楽しめるようにする。
●友だち同士で安定した遊びができるよう、ブロックなど慣れた玩具を用意する。	●トラブルがあった際は、お互いの気持ちを知ることができるよう保育者が仲立ちする。
●虫や植物の絵本や写真などを身近に用意し、興味をもったときにいつでも見ることができるようにしておく。	●虫や植物を乱暴に扱ってしまう子どもがいたら「悲しんでいるよ」などの言葉がけをし、優しく扱えるよう促す。
●完成した笹飾りを飾る笹を用意し、飾った短冊や飾りをいつでも見られるようにする。	●絵本にでてくる笹飾りをつくるなどして、言葉とものを結びつけて理解できるようにする。
●海を知らない子どももいるので、絵本や紙芝居でイメージを共有してから「うみ」を歌う。	●1日の活動のなかで、子どもが好きな歌を歌う時間をつくり、歌に親しめるようにする。

食育
- 園庭の菜園や近所の畑などを訪ね、自分たちが口にする野菜に興味をもつ。
- スイカ、アイスクリーム、ゼリーなど、夏ならではの食べ物に親しむ。

反省・評価のポイント
- 水の苦手な子どもも安心感をもって、徐々に水に慣れるように働きかけることができたか。
- 遊びのなかで、子ども同士が関われるような環境を設定できたか。

7月 月案・れもんぐみ

保育所

CD-ROM → 3歳児_月案
→ p74-p79_7月の月案（れもんぐみ）

7月 れもんぐみ 月案
担任：B先生

今月の保育のポイント

プール遊びなど夏ならではの活動を楽しむとともに、体調や安全面の管理を徹底します。戸外では帽子をかぶったり水分補給するなど、夏の生活のしかたを活動のなかで子どもに伝えながら、必要性が自覚できるようにしていきましょう。

前月末の子どもの姿

- 衣服の前後や裏表を気にしながら、自分から着替えようとする子どもが増えてきた。
- 友だちの遊び方に興味をもって、まねる姿が見られた。

	ねらい	内容
【5領域】 健康 ✚ 人間関係 ♥ 環境 ▲ 言葉 ● 表現 ♪	✚ プール遊びに楽しんで参加する。健 ▲ 素材の感触を全身で楽しむ。感 然 ✚♥ 決まりを守って友だちと遊ぶ。協 道 ▲ 七夕の行事に関心をもつ。然 社 ● 自分の気持ちを言葉にして伝えようとする。言 ♪ リズム遊びを楽しむ。感	✚ プールに入って、全身で水の気持ちよさを感じる。健 ▲ 全身でどろにふれて遊び、感触を楽しむ。感 然 ✚ 順番を守って、ブランコやすべり台などの固定遊具で遊ぶ。協 道 ▲ 七夕の物語や歌に親しみをもつ。然 感 社 ♪ 笹飾りの製作を楽しむ。感 思 ● 自分のしたいこと、してほしいことを保育者に伝え、思いを受け止めてもらえるうれしさを感じる。言 ♪ 夏らしい軽快な音楽に合わせて、体を動かす。感

職員との連携

- 夏場の活動と休息のバランスについて、職員間で話し合う。
- 熱中症や感染症に関して、子どもたちの体調を共有し合う。

家庭・地域との連携

- プール遊びの様子、子どもの体調の変化などを伝え、保護者が安心できるようにする。
- 各家庭の夏期休暇の予定や要望について、聞いておく。
- 地域の夏まつりの開催を保護者にも周知させる。

[10の姿（幼児期の終わりまでに育ってほしい姿）]
健…健康な心と体　自…自立心　協…協同性　道…道徳性・規範意識の芽生え　社…社会生活との関わり　思…思考力の芽生え
然…自然との関わり・生命尊重　数…数量や図形、標識や文字などへの関心・感覚　言…言葉による伝え合い　感…豊かな感性と表現

7月　月案・保育所・れもんぐみ

養護のねらい

- 汗を拭く、水分補給するなどのタイミングが子ども自身でもわかるよう声かけをする。
- 身のまわりのことが自分でできるように促し、できたことは自信につながるようにしていく。

健康・安全への配慮

- プール遊びや水遊びの用具の点検を行う。
- こまめに水分補給し、熱中症を予防する。
- 水を使って遊ぶときの注意点を子どもたちにしっかり伝えていく。

行事

- プール開き
- 七夕まつり
- 身体測定
- 誕生会
- 避難訓練

環境構成

- いきなりプールに入るのではなく、たらいやじょうろなどで水にふれることから始める。
- 汚れてもよい服装で遊び、必要に応じて前後に着替えの時間を設けるようにする。
- 特に金属製の遊具は、午後は熱くなっている場合があるので、午前中に遊ぶようにする。
- 天の川に関連して、星の絵本や写真を用意して興味が広がるようにする。
- 「いつも近くにいるよ」ということが伝わり安心感をもてるよう、保育者は子どもの思いを受け止め、ていねいに関わる。
- まわりに危険なものがないか確認し、のびのびと体を動かせる場所を確保する。

保育者の関わりと配慮事項

- プールでの約束ごとをわかりやすく伝えておく。
- 皆で楽しく遊ぶために、「どろを投げない」「どろを口に入れない」などの約束ごとを伝える。
- 途中で日陰に入ったり水分補給することを伝え、子どもたちが意識できるようにしていく。
- 笹飾りの製作に集中できない子どもがいるときには気持ちを受け止め、保育者が関わることで興味を引き出す。
- 保育者がともに活動しながら気持ちを言葉にし、会話のやりとりを楽しめるようにする。
- 保育者が楽しんで体を動かす姿を見せ、気持ちを開放できるようにする。

食育

- 流しそうめんを体験する。
- 園庭のミニトマトやナスなどを収穫する。

反省・評価のポイント

- 約束ごとや決まりを守ろうとする姿を認め、ほめて自信につなげることができたか。
- 全員が満足して遊べるような関わり方、用具や保育者の配置ができていたか。

7月 月案・こあらぐみ

幼稚園・認定こども園

◉ CD-ROM → 📁 3歳児_月案
→ 📁 p74-p79_7月の月案（こあらぐみ）

7月　こあらぐみ　月案

担任：C先生

今月の保育のポイント

熱中症や夏の感染症に気をつけながら、暑い季節ならではの水遊びを積極的に取り入れます。集団遊びの場では、自分の動きを出せずにいる子どももいます。一人ひとりの姿を肯定的に受け止め、皆のなかで安心して自己主張したり、自分らしく動いたりできるように寄り添っていきましょう。

前月末の子どもの姿

- 一緒にいたい友だちに自分から関わりをもとうと声をかけたり、名前を呼んだりしていた。
- 次の活動がわかると、自分から準備しようとする姿が見られた。

	第1週	第2週
ねらい	▲砂や水を使って遊び、感触を楽しむ。健 ▲七夕の行事に参加することを楽しむ。然	✚▲水遊びやプール遊びをして、水の感触を楽しむ。健 感 ✚暑さが厳しい日の過ごし方を知る。健
内容	▲砂や水にふれ、自分なりに関わって遊ぶ。健 感 思 ▲砂や水で遊ぶときの身支度のしかたを知る。健 ♪七夕飾りを製作したり、歌を歌ったりする。感	✚水にふれる心地よさを感じて遊び、「気持ちいいね」などと気持ちを言葉に出して伝え合う。言 感 ✚戸外では木陰に入るなどして涼しく過ごす。健
環境構成	●じょうろやバケツ、スコップなどの用具を多めに用意する。水の量は最初は加減する。 ●七夕にまつわる紙芝居や絵本の準備や、七夕飾りの材料や短冊などの用意をしておく。	●水がかかるのを嫌がる子どもも楽しめるよう、じょうろや水車などを用意する。 ●戸外では特に熱中症に注意し、一人ひとりの体調に目配りできるよう保育者を配置する。
保育者の援助	●団子づくり、穴ほりなどをしながら見立て遊びのイメージが広がるように声かけする。 ●一人ひとりとていねいに関わり、七夕の願いごとを言葉にできるように導く。	●プール遊びでは安全面に十分留意し、約束ごとを折にふれて伝えていく。 ●水やお茶を飲む時間を定期的につくり、適切に水分補給ができるようにする。

職員との連携

- 夏の感染症の予防、発生した場合の対策や情報を共有する。
- 夏まつりの実施にあたっては、雨天の場合の活動場所や対応について、保護者への連絡方法を確認しておく。

家庭・地域との連携

- プール遊びによる疲れの影響、暑さによる睡眠不足、冷たいもののとりすぎについて注意を促す。
- 七夕の行事を家庭でも行うようすすめ、子どもが親子のふれあいや季節行事を体験できるようにお願いする。

[5領域] ✚…健康 ♥…人間関係 🌲…環境 💬…言葉 ♪…表現

[10の姿（幼児期の終わりまでに育ってほしい姿）]
健…健康な心と体　自…自立心　協…協同性　道…道徳性・規範意識の芽生え　社…社会生活との関わり　思…思考力の芽生え
然…自然との関わり・生命尊重　数…数量や図形、標識や文字などへの関心・感覚　言…言葉による伝え合い　感…豊かな感性と表現

7月　月案・幼稚園・認定こども園

月のねらい
- ♪水遊びや砂遊びで水や砂の感触を楽しむ。感思
- 💬友だちに関心をもち、同じように動いたり遊んだりする。協
- ✚清潔を保ち休息をとり、暑い季節を元気に過ごす。健

行事
- 七夕のつどい
- 身体測定
- プール開き
- 個人面談
- 誕生会
- 登園日（第4週）

第3週	第4週
✚🌲全身で水の感触を楽しむ。感 ✚衣服の着脱の手順を知り、自分でできることをしようとする。健自	（幼稚園・夏まつり） ✚♪自分なりに体を動かして遊ぶ。健感
✚水につかって、プール遊びを楽しむ。健 ✚プール前後の着替えをできることは自分でしようとする。健自	♪音楽に合わせ、保育者や友だちと楽しんで体を動かす。感
●じょうろ、バケツ、浮く遊具、沈む遊具など、プールの中で遊ぶ遊具を準備する。 ●一人ひとりのタオルや衣服を入れるかごなどを用意しておく。	●繰り返しの動作が多い、簡単な振りつけの体操・踊りを準備する。
●保育者や友だちと一緒になって、気持ちを開放して遊べるような雰囲気をつくる。 ●日々の繰り返しのなかで、衣服の着脱やたたみ方が上手になった点を認め、ほめる。	●とまどって体を動かせない子どもには寄り添い、気の向かない子どもには無理強いしない。

食育
- 保育者や友だちと楽しく食事をする。
- 園庭や近所の畑で育っている夏野菜の様子を見て、季節の食材に興味をもつ。

反省・評価のポイント
- 水が苦手な子どもにも配慮しながら段階的にプール遊びを展開できたか。
- 熱中症に気をつけながら、夏ならではの活動を楽しめるよう援助できたか。

7月 週案・れもんぐみ 保育所

CD-ROM → 3歳児_週案→ p80-p81_7月の週案

七夕まつり

7月　れもんぐみ　週案
担任：B先生

予想される子どもの姿
- プールの活動の前後に、衣服の着脱を自分でしようとする。
- 異年齢保育で、年長児と一緒に大きな山をつくり、川を流すなどして遊ぶ。

	7月○日（月）	7月○日（火）	7月○日（水）	
活動予定	プール開き （週の前半にプール開きをし、後半は天気を見ながらプール遊びを楽しむようにします。）	室内遊び（七夕まつりの準備）	園周辺の散歩（公園で自然散策）	
内容	✚プール遊びが始まることを楽しみにして参加する。健 ♥プール活動の前後、衣服や水着の着脱を自分でしようとする。自健	▲紙芝居や絵本を楽しむことをとおして、七夕について知る。社 ♪▲笹飾りの製作を楽しむ。感 （金曜日に園の七夕まつりを開きますので、それまでに各クラスで準備を行います。）	▲近くの公園まで歩き、虫を探して楽しむ。然健	
環境構成	●衣服の管理がしやすいように個別にかごを用意する。 ●好きな遊びができるように、じょうろやバケツ、水に浮く玩具などを用意する。	●紙芝居や絵本は、七夕の物語や天の川について興味がもてるものを用意する。 ●笹飾り用の色紙、のり、汚れた指をぬぐうおしぼりを用意しておく。	●公園で採集した虫を持ち帰れるよう虫とりあみや虫かごを用意する。	
保育者の配慮	●水着の着替えは難しいので注意して見守り、できた部分を認め、できないところは援助する。 ●プール遊びの流れや約束ごとがしっかり伝わるように話す。	●夜空の星に興味を広げ、夜になったら家で星を見てみましょうと、子どもだけでなく保護者へも伝えていく。	●セミやカブトムシなどを見つけたときは、扱い方をわかりやすく伝える。 ●帽子をかぶること、水分補給の大切さを伝える。	

〔5領域〕 ✚…健康 ♥…人間関係 ▲…環境 ●…言葉 ♪…表現

〔10の姿（幼児期の終わりまでに育ってほしい姿）〕
健…健康な心と体　自…自立心　協…協同性　道…道徳性・規範意識の芽生え　社…社会生活との関わり　思…思考力の芽生え
然…自然との関わり・生命尊重　数…数量や図形、標識や文字などへの関心・感覚　言…言葉による伝え合い　感…豊かな感性と表現

🎯 ねらい

- ▲ 七夕の行事に興味をもつ。社
- ▲ プール遊びで水にふれることを楽しむ。健
- ♥ 身のまわりのことを自分からしようとする。自

✅ 振り返り

水を怖がっていた子どもも、顔をつけることはできなくても少しずつおもしろい部分をみつけて楽しめるようになっている。今後も少しずつ活動の種類を増やせるようにしていきたい。

7月 週案・保育所・れもんぐみ

7月○日（木）	7月○日（金）	7月○日（土）
プール遊び	七夕まつり	異年齢保育 砂場遊び
✚水の心地よさを全身で感じてプールで遊ぶ。健然 	▲七夕まつりに参加することを楽しむ。感社 ♪短冊に願いを自分で書こうとしたり、保育者に伝えて書いてもらったりする。感数 　　　　　　　　火曜日につくった飾りを笹に飾りつけ、七夕まつりを楽しみます。	♥皆で砂場遊びを楽しむ。健協然
●遊ぶ前にプールでの約束ごとを保育者が伝え、安全について意識して遊べるようにする。	●笹に飾りつけできるよう、事前に子どもがつくった飾りだけでなく、短冊や保育者がつくった飾りを用意しておく。 ●年長児の劇を近くで見ることができるように席をつくる。	●十分に砂場遊びを楽しめるようスコップ、バケツ、水の入ったらいなどを用意しておく。
●脱いだ衣服をたたむように声かけをする。 ●水が苦手な子どもには無理強いせず、時間をかけて徐々に慣れ楽しめるよう援助する。	●自分たちで飾りつけをし、七夕まつりに参加した満足感が得られるような言葉かけをする。 ●子ども全員の願いを個別に聞いて短冊に書き、子どもが笹に飾れるようにする。	●友だちと同じ遊びが楽しめるよう保育者が仲立ちする。

7月の遊びと環境

その① ボール拾い

用意するもの 沈むボール（色や大きさが違うもの）、バケツ

活動の内容
- 水の中にあるボールを拾って色や大きさで分類してみる。
- 水に親しんで遊ぶ。

環境のポイント
誤飲を防ぐため、大きめのボールを用意しておき、遊びの前には皆で決まりを確認する時間をとりましょう。
遊びの始まりと終わりに必ずボールの数を確認しましょう。

プールに入れた沈むボールを拾う。色や大きさごとにバケツに集める。

慣れてきたら……

少し水を深くしてバケツを浮かべ、ときどき水をかき回してバケツの位置を変える。

その② かげ踏み

活動の内容
- かげができる不思議に気づく。
- 友だちとのふれあいを楽しむ。

鬼に自分のかげを踏まれた人が次の鬼になります。踏まれそうになったら、日陰に入ってかげをなくします。

環境のポイント
かげができやすい時間（朝か夕方）に遊ぶよう設定しましょう。

おもしろいかげをつくろう

友だちと手をつないだり、ものを使ったりしておもしろいかげをつくる。

7月の文例集

◎ CD-ROM → ■ 3歳児＿季節の文例集→ p83_7月の文例集

【5領域】 ✚…健康 ♥…人間関係 ▲…環境 ●…言葉 ♪…表現
【10の姿（幼児期の終わりまでに育ってほしい姿）】
健…健康な心と体　自…自立心　協…協同性
道…道徳性・規範意識の芽生え　社…社会生活との関わり
思…思考力の芽生え　然…自然との関わり・生命尊重
数…数量や図形、標識や文字などへの関心・感覚
言…言葉による伝え合い　感…豊かな感性と表現

前月末の子どもの姿

- 晴れた日には、園庭で鬼ごっこや追いかけっこをして友だち同士で遊ぶ姿が見られた。
- 雨の日は窓から外を眺めたり、絵本やブロックで遊んでいた。

環境構成

- 子どもの気持ちを急かさず、ゆっくり落ち着いて話せるような雰囲気をつくる。
- 水でっぽう、フープなど、子どもたちが喜んで水遊びをしたくなる遊具をいくつか用意しておく。

養護のねらい

- 子どもが自分のしたいことを保育者に安心して伝えられるよう、一人ひとりと十分に時間をとって関わる。
- プールの前後の身支度を自分でできるよう、最初は手伝っていく。

保育者との関わりと配慮事項

- 言葉がでにくい子どもは、指で指し示すなど、動作で伝えられるようにする。
- プールの中の子どもたちを複数の保育者でしっかりと見守るようにする。

健康・安全への配慮

- 水を介した感染症の予防を徹底する。
- 気温の高い日が多くなるため、室内の温度を適切に保ち、定期的に換気をする。

職員との連携

- プール遊びは疲れやすいので、午睡の際には子どもたちがゆっくり休息できるよう、園全体で保育室を静かな環境に保つよう心がける。

ねらい

- ●自分のしたいことを保育者に言葉で伝えようとする。自言
- ✚プールで水の感触を楽しみながら遊ぶ。健

家庭・地域との連携

- 水分のとり過ぎや食欲不振についての情報を知らせ、家庭でも注意するようお願いする。
- お泊り保育の予定を伝え、参加できるかどうかを確認する。

内容

- ●「トイレ」「おしっこ」など、自分の生理的な欲求を言葉で保育者に伝える。自言
- ✚子どもたちの好きな玩具を使って、プールで水遊びを楽しむ。健

食育

- 暑いときこそ、しっかりと食事をとることの大切さを知る。
- はしを使って食べることに挑戦する。

8月 月案・みかんぐみ 保育所

CD-ROM → 3歳児_月案
→ p84-p89_8月の月案（みかんぐみ）

8月 みかんぐみ 月案
担任：A先生

今月の保育のポイント

プール遊び、夏まつりなどの行事を体験するなかで、多くの子どもが集団で遊ぶ楽しさを感じ始める時期です。自分の思いを主張するだけでなく、ほかの子どもにもそれぞれの思いがあることが理解できるように、伝えていきましょう。

前月末の子どもの姿

- 水を怖がっていた子どもも、たらいでの水遊びを通じて徐々に水に親しむことができた。
- 汗をかいたあと、自分で拭いたり着替えようとしたりする姿が見られた。

【5領域】 健康✚ 人間関係♥ 環境▲ 言葉● 表現♪	ねらい	内容
	✚プール遊びをとおして、自分のできることを楽しむ。健自	✚水が好きな子も苦手な子も自分のペースで水に親しんでいく。健自
	✚生活の流れがわかり、着替えを自分でしようとする。健自	✚プール遊びの準備や着替え、後始末を自分からしようとする。健自
	▲夏の植物や生き物に興味をもつ。然	▲バッタやカブトムシを飼育したり、押し花をつくったりして楽しむ。然
	▲季節ならではの行事を楽しむ。然社	▲夏まつりのヨーヨーすくいや魚つりゲームをとおして、友だちと季節の行事を楽しむ。然社
	♪仲のよい友だちとごっこ遊びを楽しむ。言協道	♪お店やさんごっこ、ヒーローごっこなどを楽しむ。言社協
	♪身近な素材で自分のイメージを表現することを楽しむ。感	♪粘土の感触を楽しみながら、さまざまな形をつくって遊ぶ。感思

職員との連携

- 戸外活動やプール遊びの際の人数確認など、役割分担を徹底する。
- 感染症にかかった子どもの情報を共有し、対策に努める。

家庭・地域との連携

- 睡眠や食欲について、子どもの家庭での様子を保護者から聞いておく。
- 園の夏まつりについて協力や参加をお願いする。
- 子どもができるようになったことを保護者に伝え、喜びを共有する。

[10の姿（幼児期の終わりまでに育ってほしい姿）]
健…健康な心と体　自…自立心　協…協同性　道…道徳性・規範意識の芽生え　社…社会生活との関わり　思…思考力の芽生え
自然…自然との関わり・生命尊重　数…数量や図形、標識や文字などへの関心・感覚　言…言葉による伝え合い　感…豊かな感性と表現

8月 月案・保育所・みかんぐみ

養護のねらい
- 戸外活動も楽しみながら、暑い夏を元気に過ごせるようにする。
- 水に慣れ、全身でプール遊びを楽しめるようにする。
- 自分の気持ちや発見したことを友だちや保育者と共有できるようにする。

健康・安全への配慮
- 安全面に留意しながらプール遊びを発展させていく。
- 一人ひとりの体調に変化の兆しがないか、十分に気を配る。
- 空調や水分補給に注意し、快適に過ごせるようにする。

行事
- 身体測定
- 誕生会
- 夏まつり

環境構成	保育者の関わりと配慮事項
●水でっぽう、ボール、じょうろ、ペットボトルなどを用意して、自由に遊べるようにする。	●一人ひとりに目を配り、自分のペースで楽しみ、新しいことに挑戦できるよう配慮する。
●ぬれた水着やタオルの置き場所がわかるように、絵を描いたカゴなどを用意する。	●水着の着替えは難しいので、一人ひとりの様子を見守りながら、危険のないよう援助する。
●戸外散策の際は、虫とりあみや虫かご、花を入れる袋などを準備する。	●生き物の命を大切にする気持ち、草花の美しさを伝え、共感しながら見守るようにする。
●縁日の雰囲気がでるようちょうちんや看板を飾りつけておく。	●人気のあるゲームも平等に楽しめるよう、順番を守って遊ぶことの大切さをわかりやすく伝える。
●ごっこ遊びの見立てに必要な小道具を用意しておき、状況を見ながら提案する。	●子ども同士で言葉をかわしながら遊びを発展させていけるよう、保育者が仲立ちする。
●一人ひとりが粘土遊びに集中できるよう、活動スペースを十分にとっておく。	●手指を使って、ちぎる、丸める、のばす、くっつけるなどを楽しむように伝えていく。

食育
- 自分で食べられる量を把握し、完食する。
- ニンジンやピーマンなど、苦手な食材を食べてみようと挑戦する。

反省・評価のポイント
- 気温や子どもの体調に気を配りながら、夏らしい活動を展開できたか。
- 自分でやってみようとする気持ちを認め、励ますことができたか。

8月 月案・れもんぐみ

保育所

CD-ROM → 3歳児_月案
→ p84-p89_8月の月案（れもんぐみ）

8月　れもんぐみ　月案
担任：B先生

今月の保育のポイント
プール遊びに慣れると、子どもたちは着替え、タオルなど持ち物の準備や管理、また活動に使った用具の片づけなども自発的に行うようになっていきます。着替えや片づけをしやすいように環境を整え、意欲につなげていきましょう。

前月末の子どもの姿
- してほしいことを言葉や動きで保育者に伝えようとする姿が見られた。
- 連日の暑さで疲れが見られたり、食欲が落ちたりしている子どももいた。

【5領域】
健康 ✚
人間関係 ♥
環境 ▲
言葉 💬
表現 ♪

ねらい	内容
✚ プール遊びを楽しむ。健	✚ 水の感触、冷たさを全身で感じながらプール遊びを楽しむ。健 然
✚ 汚れた衣服を着替え、清潔を保つことに心地よさを感じる。健	✚ 汗をかいたり、汚れたりした服を着替えて清潔を保つ。健
♥ 簡単なルールのある遊びを楽しむ。道	♥ 友だちと鬼ごっこや色探し遊びなどルールのある遊びを楽しむ。道 協
▲ 夏の虫や花にふれ、興味や関心をもつ。然	▲ 戸外にでかけてセミやカブトムシ、ヒマワリやアサガオにふれたり、観察をしたりする。然
♪ 色が混ざる様子に興味をもつ。感 思	♪ 友だちと一緒に色水遊びをして、色の混ざり具合、その不思議さ、美しさを楽しむ。感 思
♪ 自分なりに表現して製作することを楽しむ。感	♪ 好きなものを自由に描いたりつくったりして遊ぶ。感

職員との連携
- 子どもたち個々の夏休みについて把握し、休み明けの体調に配慮するよう伝達し合う。
- プール遊びでの保育者の配置、予測される危険について7月の反省を踏まえて話し合う。
- 台風や大雨の情報に注意し、対応を検討する。

家庭・地域との連携
- 保護者から子どもたちの夏休みの体験について聞き、相互のコミュニケーションを図る。
- 台風の際に増水などの危険がある場所を調べ、保護者や地域団体と情報を共有する。

[10の姿（幼児期の終わりまでに育ってほしい姿）]
健…健康な心と体　自…自立心　協…協同性　道…道徳性・規範意識の芽生え　社…社会生活との関わり　思…思考力の芽生え
然…自然との関わり・生命尊重　数…数量や図形、標識や文字などへの関心・感覚　言…言葉による伝え合い　感…豊かな感性と表現

8月　月案・保育所・れもんぐみ

養護のねらい
- 季節感を楽しんで行事に参加できるようにする。
- 要求を言葉で伝えようとする姿勢を受け止め、安心して会話のやりとりができるようにしていく。

健康・安全への配慮
- 疲れがたまる季節なので、戸外・室内遊び、休息のバランスに配慮する。
- 感染症の予防、対策に努める。
- 一人ひとりの食欲や健康観察をしっかり行う。

行事
- 身体測定
- 誕生会
- 夏まつり

環境構成	保育者の関わりと配慮事項
・ボールや水ふうせんなどを用意し、ゲーム性を取り入れた遊びを提案する。	・顔がぬれるのを嫌がる子どもには無理強いせず、少しずつ慣れていけるようにする。
・一人ひとりについて、汚れた衣服などを入れる袋を用意しておく。	・汗をかいたままだとかぜをひきやすくなること、着替えてさっぱりする心地よさを伝える。
・思いきり走ると転びやすくなるので、障害物などがないように確認しておく。	・一人で遊ぶのが好きな子どもには、個々の気持ちを受け止めながら関わっていく。
・セミの抜け殻、花の種などみつけたものを、持ち帰ることができるように袋などを用意する。	・園に戻ったら、成長につれて姿を変える虫の特徴、花の種が実ることをわかりやすく伝える。
・子どもがつくった色水を飾っておけるよう、色水を入れるカップは多めに用意する。	・色の変化など、予想したことや感じたことを言葉にできるよう声かけをし、クラス全体で共有する。
・じっくり遊べるよう、体を動かす遊びをする場所から離れた所にスペースを確保する。	・色使いや工夫しているところをほめ、満足感が得られるようにする。

食育
- 食べ残しがないよう、自分の食べられる量を知る。
- 食事をつくってくれる人に、感謝の気持ちを伝えようとする。

反省・評価のポイント
- 個々の発達に合わせて、無理なく水にふれる楽しさを体験できるよう援助できたか。
- 子どもたちがのびのびと活動できるような環境を設定できたか。

8月 月案・こあらぐみ

幼稚園・認定こども園

◎ CD-ROM → ■ 3歳児＿月案
→ ■ p84-p89_8月の月案（こあらぐみ）

8月　こあらぐみ　月案

担任：C先生

今月の保育のポイント

幼稚園は7月後半から、夏休みに入ります。長い夏休みのなかで幼稚園生活や友だちのことを忘れないように、多くの園では夏休みの始まり（7月）か終わりのどちらかで夏季保育があります。内容は園により異なりますが、プールや夏まつりなど季節を楽しむ活動がメインとなります。

前月末の子どもの姿

- プール遊びを楽しみにし、着替えや支度を自分でしようとしていた。
- 園で飼育しているカブトムシやクワガタムシの生長を楽しみにしていた。

	第1週	第2週
ねらい	夏休み（幼稚園）	夏休み（幼稚園）
内容		
環境構成		
保育者の援助		

職員との連携

- 夏季保育について、雨天の場合の活動や、プールの有無の決定時間について打ち合わせておく。

家庭・地域との連携

- 夏期保育の日にちや持ち物について、保護者にプリントで周知させる。
- 夏休みにどのように過ごしていたか、登園の際に保護者に聞く。

〔5領域〕 ✚…健康 ♥…人間関係 ▲…環境 💬…言葉 ♪…表現

〔10の姿（幼児期の終わりまでに育ってほしい姿）〕
健…健康な心と体　自…自立心　協…協同性　道…道徳性・規範意識の芽生え　社…社会生活との関わり　思…思考力の芽生え
然…自然との関わり・生命尊重　数…数量や図形、標識や文字などへの関心・感覚　言…言葉による伝え合い　感…豊かな感性と表現

🎯 月のねらい

- ♥ 友だちとの再会を喜び、一緒に夏の遊びを楽しむ。
- 協
- ▲ 夏ならではの遊びに興味をもつ。 然

🎂 行事

- 夏休み
- 夏季保育（第4週）

8月　月案・幼稚園・認定こども園

第3週	第4週
夏休み（幼稚園）	（幼稚園・夏季保育） ✚プール遊びを楽しむ。健 ✚遊びをとおして園生活を思い出す。健
	✚水の感触を味わいながら、プール遊びを楽しむ。健 ✚プールの支度を思い出し、自分で行おうとする。健
	●プールの身支度の手順を一緒に確認する。
	●安全に遊べるようプールでの約束ごとをていねいに伝える。 ●プールの前に準備体操をしっかり行うよう伝え、保育者も一緒に行う。

🍴 食育

- 登園日に園庭の作物の生長を確認する。

☑ 反省・評価のポイント

- 安全な夏期保育になるよう配慮できたか。
- 子どもたちが2学期を楽しみにできるような援助ができたか。

8月 週案・みかんぐみ

保育所

CD-ROM → 3歳児_週案→p90-p91_8月の週案

夏野菜の収穫

8月　みかんぐみ　週案
担任：A先生

予想される子どもの姿
- プール遊びに慣れ、意欲的に新しいことに挑戦しようとする。
- 暑さによる睡眠不足や食欲減退のため、体調を崩す子どももいる。

	8月○日（月）	8月○日（火）	8月○日（水）	
活動予定	プール遊び	色水遊び（プールの水と色水を連動させて、夏を楽しむようにします。）	夏野菜の収穫	
内容	✚全身で水にふれ、意欲的に取り組む。健自然	♪植物のしぼり汁や食紅を使った色水遊びを楽しむ。感思	▲園の菜園で夏野菜（ピーマン、トマト）を収穫し、いろいろな形の野菜があることに気づく。然思	
環境構成	●ボール遊び、宝探し、フラフープくぐりなど遊びごとにグループを分け、楽しめるようにする。	●コップ、水、食紅、葉、花を用意しておく。 ●色水ジュースをつくるときには誤飲することのないようにそばで注意して見守る。	●収穫した野菜が、給食のどんなメニューに使われているか質問をしたり、話をしたりする時間をとる。 ●実のつき方、葉の形などの特徴を収穫後も見られるように写真撮影し、壁に掲示する。	
保育者の配慮	●顔を水につけるときは危険のないように特に配慮し、全員に目が届くよう保育士を配置する。 ●熱中症にならないよう、活動時間を調整する。	●混色したときの色の変化に気づけるように言葉をかける。 ●色水づくりに慣れてきたら、ジュース屋さんごっこなどの遊びに展開できるよう援助する。	●収穫するなかでの子どもたちの驚きや気づきに共感する。	

[5領域] ✚…健康 ♥…人間関係 ▲…環境 💬…言葉 ♪…表現

[10の姿（幼児期の終わりまでに育ってほしい姿）]
健…健康な心と体　自…自立心　協…協同性　道…道徳性・規範意識の芽生え　社…社会生活との関わり　思…思考力の芽生え
自然…自然との関わり・生命尊重　数…数量や図形、標識や文字などへの関心・感覚　言…言葉による伝え合い　感…豊かな感性と表現

🎯 ねらい

- ✚ プール遊びに意欲的に取り組む。健
- ▲ 夏の自然や季節感を楽しんで過ごす。自然
- ♥ 友だちと関わって遊ぶことを楽しむ。協

✅ 振り返り

プール遊びに慣れ、水の中でもさまざまな動きができるようになり、自信をつけていく姿が見られた。また、水の心地よさを感じ、友だちと気持ちを共有しあう様子が見られた。

8月　週案・保育所・みかんぐみ

	8月○日（木）	8月○日（金）	8月○日（土）
	プール遊び	室内遊び（見立て遊び、ごっこ遊び）	異年齢保育 室内遊び
	✚水の心地よさを全身で感じて遊ぶ。健自然 **天候のよい週はプール遊びを複数日楽しむようにしましょう。**	♥✚好きな遊びを友だちと一緒に楽しむ。協健	✚いすとりゲーム、なんでもバスケットなど簡単なゲームを異年齢で行う。協
	・月曜日の遊びの姿を見て、同じ遊びをするか、新しい遊びを用意するかを決める。	・子どもの遊びのイメージにあわせて遊びに使えそうな本物の調理道具やぬいぐるみ、電車の玩具などを用意しておく。	・ホールにいすを用意しておく。 ・異年齢児が一緒に遊べるよう縦割りでチームをつくる。
	・安全に遊べるようプールの中の子どもたちをしっかり見守る。 ・プールの着替えの際には、衣服をたたもうとする姿勢を認め、自信につなげる。	・子どもたちの自由な発想を見守り、必要があれば介入し、一緒に遊ぶようにする。	・年長児がリーダーになり、皆が遊びを共有できるよう仲立ちする。

8月の遊びと環境

その① 色水遊び

用意するもの ビニール袋、水、葉っぱや花、草の実

活動の内容
- 自然物の色に興味をもつ。
- 葉っぱや花をもみこむ感触を楽しむ。

ビニール袋にアサガオの花やオシロイバナ、ツユクサの葉をそれぞれ入れて手でもむ。

環境のポイント
夏の植物には色水にできるものがたくさんあります。ふだんから探しておきましょう。

つくった色水を使って……

お店やさんごっこ

色水／丸めたちり紙／コップ／かき氷に！

できた色水を使い「○○ジュース」「○○スープ」などと名前をつけて遊ぶ。

その② 風船バレーボール

用意するもの 風船

ふくらませた風船を打って、できるだけ落とさないようにして遊ぶ。

活動の内容
- 友だちと一緒に全身を使って遊ぶ。
- 風船を落とさないよう友だちと声をかけ合う。

慣れてきたら……

ネットをつくり、相手の陣地に落ちたら1点などとルールを決めて遊ぶ。

環境のポイント
十分なスペースをとって遊べるよう、ほかのクラスの園庭の使用状況を確認しておきましょう。

8月の文例集

● CD-ROM → 📁 3歳児_季節の文例集→ p93_8月の文例集

[5領域] ✚…健康 ♥…人間関係 🌲…環境 💬…言葉 ♪…表現
[10の姿（幼児期の終わりまでに育ってほしい姿）]
健…健康な心と体　自…自立心　協…協同性
道…道徳性・規範意識の芽生え　社…社会生活との関わり
思…思考力の芽生え　然…自然との関わり・生命尊重
数…数量や図形、標識や文字などへの関心・感覚
言…言葉による伝え合い　感…豊かな感性と表現

前月末の子どもの姿

- 汗をかいたあと、保育者に言葉やしぐさで伝え、自分から衣服を着替えようとする姿が見られた。
- プール遊びで新しい友だちの輪ができ、楽しそうに遊ぶ姿が見られた。

養護のねらい

- 休息をとることの大切さを伝える。
- 意欲的に身のまわりのこと（着替え・手洗いなど）に取り組めるよう環境を整える。

健康・安全への配慮

- 戸外で活動したあとは、午睡の時間以外にも必要に応じて休息をとれるようにする。
- 暑さで集中力が途切れやすいため、一つひとつの活動の時間を短めに設定する。

ねらい

- ♪素材の感覚を味わって遊ぶ。感
- 🌲園庭の植物の成長を楽しみにする。然
- 🌲季節の行事にクラスの友だちと参加する。感

内容

- ♪フィンガーペインティングで、指を使って自分なりに表現することを楽しむ。感
- 🌲園庭で育てている植物に水やりをして、その生長過程に関心をもつ。然
- ♪クラスの友だちと一緒に盆踊りをしたり、夏祭りの雰囲気を味わったりする。感

環境構成

- さまざまな色の絵の具、汚れた手や体をきれいにぬぐうタオル（おしぼり）を用意しておく。
- 水やり用のじょうろを複数用意する。植物の絵を描く場合はその道具も用意しておく。
- 夏祭りに備えて地域の方に協力をお願いする。

保育者との関わりと配慮事項

- 絵の具を触ることに抵抗がある子どもは、絵筆で描くなど柔軟に対応する。
- 園庭で土いじりをしたあとは、ていねいに手を洗い、うがいをするように促す。

職員との連携

- 長期に夏休みをとった子どもの生活リズムや体調について、職員間で情報を共有する。
- 室内ではエアコンを適切に使用し、園全体で設定温度などを決めておく。

家庭・地域との連携

- 地域の夏祭りに子どもたちを参加させたいことを伝え、地域に協力をお願いする。
- 夏祭りの日程を保護者に伝え、子どもと一緒の参加を呼びかける。

食育

- 夏休みに思い出に残った食べ物を発表する。
- よくかんで食べる。

9月 月案・みかんぐみ 保育所

CD-ROM → 3歳児_月案
→ p94-p99_9月の月案（みかんぐみ）

9月　みかんぐみ　月案
担任：A先生

今月の保育のポイント

運動会に向けた活動では競技だけでなく小道具をつくったり、友だちを応援したり、励ましあって挑戦しようとすることが大事なポイントになります。友だち同士で関わりながら、皆で運動会を楽しみにする気持ちを育てていきましょう。

前月末の子どもの姿

- 保育者に「見てて」と声をかけ、できるようになったことを見せようとする子がいた。
- 暑さで体調を崩したり、疲れぎみの子どもが多かった。

	ねらい	内容
【5領域】 健康✚ 人間関係♥ 環境▲ 言葉● 表現♪	✚体を十分に動かす遊びを楽しむ。健 ✚運動会への期待をもって活動を楽しむ。健 ♥友だちとさまざまな遊びを楽しむ。協 ▲秋の動植物に親しみ、興味をもつ。然 ♪運動会を楽しみにしながら、応援グッズを製作する。感 ♪リズムに合わせて踊ることを楽しむ。感	✚園庭でのボール遊びやかけっこなどで体を十分に動かす。健 ✚運動会を想定してダンスや体操を自分なりに楽しむ。健 ♥友だちと関わりながら、公園で好きな遊びを楽しむ。協 ▲トンボや虫の声、秋に咲くコスモスなどの花をみつけて、さまざまに楽しむ。然 思 ♪ごほうびメダル、応援用のポンポンやメガホンを製作する。感 ♪保育者の動きをまねたり、自分で考えた動きで楽しく遊ぶ。感 健

職員との連携

- 災害時の備えや準備を職員間で確認する。
- 運動会の競技やプログラムなどについて見直したり、アイデアをだし合う。
- 戸外にでかける際、体調を崩している子に付き添う担当を決めておく。

家庭・地域との連携

- 保護者に防災訓練や災害時の対応について、おたよりで伝える。
- 運動会の練習の様子を保護者に伝え、家庭でも楽しみにしてもらえるようにする。

[10の姿（幼児期の終わりまでに育ってほしい姿）]
健…健康な心と体　**自**…自立心　**協**…協同性　**道**…道徳性・規範意識の芽生え　**社**…社会生活との関わり　**思**…思考力の芽生え
然…自然との関わり・生命尊重　**数**…数量や図形、標識や文字などへの関心・感覚　**言**…言葉による伝え合い　**感**…豊かな感性と表現

養護のねらい
- 個々の体調に配慮しながら、充実した活動ができるようにする。
- 活動のなかで、自ら安全を意識できるようにしていく。

健康・安全への配慮
- 子どもの命を守ることができるよう、災害を想定した訓練を行う。
- 運動会を意識しながら、体力がついていくようにする。
- 食べ物への興味を喚起し、好き嫌いが少なくなるようにしていく。

行事
- 防災訓練
- 身体測定
- 誕生会
- 敬老の日

9月　月案・保育所・みかんぐみ

環境構成	保育者の関わりと配慮事項
●かけっこのときはスタートの笛を吹いて、運動会に参加する気持ちを盛り上げる。	●保育者も参加しながら、体を動かす楽しさを伝えていく。
●近くで年長児がダンスをしている姿を見せて、憧れの気持ちをもてるようにしていく。	●友だちと一緒に体を動かす楽しさを感じられるようにする。
●公園は園以外の子どもも利用しているので、譲りあいながら遊ぶよう伝える。	●遊具の使い方や順番を守るなどの約束ごとを伝え、皆で楽しく遊べるようにする。
●事前に公園を歩いて、いろんな生き物や草花に出会える場所を確認しておく。	●子どもたちの発見や感動を受け止め、共感しながら一緒に季節の変化を感じる。
●素材を使いやすいよう整え、楽しい気持ちを表現できるような雰囲気づくりをする。	●「このメダル、誰がもらうのかな？」などと話しかけながら、運動会への期待を高めていく。
●子どもたちの興味に合った音楽を複数用意し、いろんな曲で踊るようにする。	●子どもが考えたダンスの動きも取り入れ、子どもたちが主体的に取り組めるようにする。

食育
- 保育者と一緒に食べながら、食べるときの正しい姿勢、適切な一口の量を知る。
- 苦手な食材を食べてみようとがんばる友だちを応援する。

反省・評価のポイント
- 運動会を楽しみにする気持ちがもてるような言葉がけができたか。
- 子どもたちの発見や心の動きを受け止め、共感することができたか。

9月 月案・れもんぐみ

保育所

CD-ROM → 3歳児_月案
→ p94-p99_9月の月案（れもんぐみ）

9月　れもんぐみ　月案
担任：B先生

今月の保育のポイント

プール遊びを経て、子どもたちはものごとができるようになっていく実感を得ています。その意欲を運動会につなげていきましょう。ただし、夏の疲れが出やすい時期でもあるので、残暑の厳しい間は特に活動と休息のバランスに配慮することが必要です。

前月末の子どもの姿

- 「お茶飲みたい」「トイレに行く」などの要求を言葉で伝える子どもが増えてきた。
- 虫の成育に興味をもち、保育者に読んでもらいながら子ども同士で図鑑を繰り返しながめる姿が見られた。

	ねらい	内容
【5領域】 健康 ✚ 人間関係 ♥ 環境 ▲ 言葉 ● 表現 ♪	✚ 全身を使う運動遊びを楽しむ。健 ✚ 運動会への期待をもって、ダンスや体操を楽しむ。健 ● 経験したことを言葉で伝えようとする。言 ▲ 秋の自然に親しみ、関心をもつ。然 ♥ 友だちと玩具を共有しながら遊ぶ。協 ♪ 身近な素材を使った製作遊びのなかで自分なりの工夫をしようとする。感 思	✚ つかまる、ぶらさがる、よじのぼる、ジャンプする、転がるなどの動きを楽しむ。健 ✚ 音楽に合わせて自分なりに体を動かしたり、保育者や友だちの動きをまねたりする。健 ● 夏の思い出を、保育者や友だちに話す。言 ▲ 気候の変化、秋の虫や植物に気づく。然 ♥ ブロックや絵本などを友だちと貸し借りしながら、一緒に遊ぶ。協 ♪ 敬老の日のプレゼントとして、小物入れや人形などをつくる。感 思 社

職員との連携

- 防災用品の点検や、園内に危険な場所がないかなどをチェックする。
- 運動会の競技や演目について、異年齢クラスの職員とも内容を共有し合う。

家庭・地域との連携

- 災害時の対応について保護者に伝え、防災意識をともに高め合う。
- 子どもの祖父母や近隣の高齢者に、敬老の日のプレゼントを贈る（届ける）。

[10の姿（幼児期の終わりまでに育ってほしい姿）]
健…健康な心と体　**自**…自立心　**協**…協同性　**道**…道徳性・規範意識の芽生え　**社**…社会生活との関わり　**思**…思考力の芽生え
然…自然との関わり・生命尊重　**数**…数量や図形、標識や文字などへの関心・感覚　**言**…言葉による伝え合い　**感**…豊かな感性と表現

9月 月案・保育所・れもんぐみ

養護のねらい
- 活動内容や気候に応じて衣服の調節を行えるように声かけする。
- 一人ひとりの気持ちを受け止めて、自信をもって行動できるようにする。

健康・安全への配慮
- 園外にでかける際のコースについて下見をしておく。
- 災害時を想定した準備や態勢を確認する。
- 子ども自身が安全面に注意して活動できるよう避難訓練をする。

行事
- 防災訓練
- 身体測定
- 誕生会
- 敬老の日

環境構成	保育者の関わりと配慮事項
● 巧技台、鉄棒、マットなどを用意し、保育者は子どもたちをすぐに支えられる場所で見守る。	● 一人ひとりの「できた！」「うれしい！」「できなくて悲しい、くやしい」などの気持ちに寄り添う。
● 運動会のときに流す音楽をかけて、気持ちを盛り上げていく。	● 興味をもてない子には個別に対応し、無理強いせず少しずつ慣れていけるようにする。
● 特別な場を設けるのではなく、昼食後などに「夏休みは楽しかった？」と聞くなど、遊びのなかで話せるようにする。	● 一緒に楽しみながら話を聞き、共感しながら受け止めていく。
● 秋の虫の声を聞ける場所や、果物の実りに気づくことができる場所を探しておく。	● 子どもたちが気づいたことに共感し、興味が深まるような話をする。
● それぞれのコーナーはゆとりをもたせ、友だちの輪に入っていきやすいようにする。	● 物や場の取り合いが起きたときには、両方の気持ちを受け止め、状況に応じて順番やルールを知らせていく。
● 牛乳パックやプリンカップをメイン素材に、紙やシール、毛糸などを用意する。	● 自分なりに工夫した点を認め、出来上がった満足感が得られるようにする。

食育
- 十五夜にちなみ、月見団子をつくって皆で食べる。
- 食事中の正しい姿勢を意識する。

反省・評価のポイント
- 運動会に期待感をもち、皆で力を合わせる雰囲気をつくることができたか。
- 新しい動きや遊びをしてみたくなるような提案ができたか。

9月 月案・こあらぐみ

幼稚園・認定こども園

CD-ROM → 3歳児＿月案
→ p94-p99_9月の月案（こあらぐみ）

9月　こあらぐみ　月案
担任：C先生

今月の保育のポイント

夏休み明けは夏の疲れが残っているので、心身ともに安定した状態をつくっていくことに留意します。皆で再会したことを喜び、一人ひとりの夏の体験をじっくりと聞きましょう。会話でのコミュニケーションを増やし、運動や遊び、製作などをより充実したものにしていきます。

前月末の子どもの姿

- 夏休み前はプール遊びにも慣れ、友だちと楽しそうにする子どもの姿が多く見られた。
- プールの前後には、自分で衣服を脱いだり着たりできる子どももいた。

	第1週	第2週
ねらい	♥✚保育者と関わりながら、園生活の流れを取り戻す。健 ♥●夏休みの経験を、保育者に伝えようとする。言	✚♥▲自分がしたい遊びをみつけて遊んだり、保育者や友だちと過ごしたりする楽しさを味わう。健感言 ♥✚保育者の指示をよく聞いて行動する。健道言
内容	♥✚安心した気持ちで生活をする。健 ♥●夏休みに経験したことについて、保育者や友だちと話すことを楽しむ。言	✚♥▲1学期にしていた遊びを思い出したり、興味をもって遊具に関わったりする。健感言 ✚防災訓練の際、保育者の指示を聞いて身を守ったり並んだり、歩いて避難したりする。健道言
環境構成	● 保育者と一緒に指遊びや手遊びをする時間をとり、親密で楽しい雰囲気が感じられるようにする。 ● 一人ひとりとじっくり関わり、話を聞く時間を設ける。	● 1学期に親しんだ遊具類を用意しておき、園で遊ぶ楽しさを思い出せるようにする。 ● 並んで歩く経験を生活のなかに楽しく取り入れ、運動会などにもつなげて生かせるようにする。
保育者の援助	● 安定した気持ちで園生活が送れるよう、ていねいに関わる。 ● 思いを言葉では表せないことも多いので、保護者からの話をもとに思いを引き出したり、代弁したりする。	● 一人ひとりのしていることを認め、楽しいと思えるような言葉がけをする。 ● 声のトーンを使い分け、静かに並んで歩く必要を子どもが感じられるようにする。

職員との連携

- 園内の防災の備え、周辺環境や避難経路、いざというときの連絡系統を職員全員で確認する。
- 夏休み中に体調を崩した子どもや、家庭環境に変化があった子どもについて情報を共有する。
- 運動会に使う用具の点検を行う。

家庭・地域との連携

- 夏休みに子どもたちがどんな体験をしたかを保護者から聞いておく。
- 園の防災の備え、また災害時の対応（保護者への引き渡し方法など）についておたよりなどで保護者に伝える。

〔5領域〕 ✚…健康　♥…人間関係　🌲…環境　💬…言葉　♪…表現

〔10の姿（幼児期の終わりまでに育ってほしい姿）〕
健…健康な心と体　自…自立心　協…協同性　道…道徳性・規範意識の芽生え　社…社会生活との関わり　思…思考力の芽生え
然…自然との関わり・生命尊重　数…数量や図形、標識や文字などへの関心・感覚　言…言葉による伝え合い　感…豊かな感性と表現

🎯 月のねらい

- ✚ 生活リズムを取り戻し安定した気持ちで過ごす。健
- ✚ 保育者や友だちと一緒に、全身を使って遊ぶことを楽しむ。健 感
- 💬♪ イメージしたことを動きや製作、言葉などさまざまな方法で表現することを楽しむ。言 感

🎂 行事

- 始業式
- 身体測定
- 誕生会
- 敬老の日
- 防災訓練

9月　月案・幼稚園・認定こども園

第3週	第4週
✚♪🌲♥ イメージをふくらませて好きな遊びを楽しむ。健 思 感 言 ✚ 全身を使っていろいろな動きを楽しむ。健	✚♥ 全身を使っていろいろな遊びを楽しむ。道 ♥♪💬 お話に親しみ、イメージをふくらませる。感 言
✚♪🌲♥ さまざまな素材にふれながら、イメージをふくらませたり、感触を楽しんだりする。健 思 感 言 ✚ 走る、とぶ、登る、くぐる、転がるなどの運動遊びをとおして、体の使い方を知っていく。健	✚♥ 走る、とぶ、くぐる、転がるなど動きのある遊びをとおして、体の使い方を知る。健 ♥♪💬 絵本や紙芝居を保育者に読んでもらい、運動会を楽しみにする気持ちをもつ。感 言
●イメージが広がり、3歳児でも扱いやすい素材、色、感触のものを用意し、使いやすいよう整えておく。 ●マットや巧技台などを用意する。また、事前に遊具の安全点検をしておく。	●一緒にいたい友だち同士で落ち着いて過ごせるよう、必要に応じてパーテーションなどで囲う。 ●保育者が読んだ絵本は、絵本コーナーに置いておき、見たいときに繰り返し見ることができるようにしておく。
●遊びのなかでイメージが広がるように、保育者が共感したり見立てたりなど言葉がけをする。 ●子どものやってみようとする姿に注視し「かっこいいね」「上手だね」とほめ、意欲を引き出していく。	●体を動かして遊ぶおもしろさを感じられるように、一人ひとりの動きを言葉にし、楽しさに共感する。 ●はじめての運動会なので、よくわからないが何か楽しそうという気持ちがもてるように読む。

🍴 食育

- 姿勢よく座って食事をする。
- 秋の野菜や果物を話題にし、食材の名前を言葉に出してみる。

☑ 反省・評価のポイント

- 園生活の環境を過ごしやすく整えることができたか。
- 子どもたちが新しい運動や遊びをやってみようとする気持ちを引き出すことができたか。
- 一人ひとりの楽しんでいることや思いを受け止めることができたか。

9月 週案・れもんぐみ

保育所

CD-ROM → 3歳児_週案→p100-p101_9月の週案

防災訓練

9月　れもんぐみ　週案
担任：B先生

 予想される子どもの姿
- 残暑で生活リズムが乱れている子どもがいる。
- 運動会を楽しみにして、友だちと一緒にかけっこをする姿が見られる。

	9月○日（月）	9月○日（火）	9月○日（水）
活動予定	室内遊び（巧技台、マット）	園庭遊び（砂遊び）	室内遊び（お絵描き）
内容	✚巧技台、マットなどを使って、体を動かして遊ぶ。健 運動会が近づいているので、運動遊びを積極的に取り入れます。	▲砂や水にふれ、感触や心地よさを十分楽しむ。思 9月はまだ暑さが続く時期なので、砂や水で遊べるようにしましょう。	♪夏の思い出を絵に描く。感 思 体を動かす活動が続くので、この日は室内でお絵描きを楽しみます。
環境構成	・準備運動の時間を十分にとり、けがに気をつける。 ・巧技台の下にはマットを敷き、安全に遊べるようにする。	・朝の涼しい時間を活用し、のびのび遊べるようにする。	・夏に体験したことを皆で話す時間を設ける。 ・クレヨン、画用紙を用意する。
保育者の配慮	・いろいろな動きをする運動遊びを取り入れていく。 ・友だちや保育者の動きに興味がもてるようにする。	・砂の感触や気持ちよさ、好きな形をつくる楽しさに共感する。	・思っていることをうまく描けず、悩んでいる子には個別に対応し、子どもの描きたいように描けるよう導く。

【5領域】 ✚…健康 ♥…人間関係 🌲…環境 ●…言葉 ♪…表現
【10の姿（幼児期の終わりまでに育ってほしい姿）】
健…健康な心と体　自…自立心　協…協同性　道…道徳性・規範意識の芽生え　社…社会生活との関わり　思…思考力の芽生え
自然…自然との関わり・生命尊重　数…数量や図形、標識や文字などへの関心・感覚　言…言葉による伝え合い　感…豊かな感性と表現

🎯 ねらい

- ✚ 元気に体を動かして遊ぶ。健
- ✚ 健康や安全を意識して活動する。道
- ♥ 新しい活動に興味をもって取り組む。健 思

☑ 振り返り

活動に意欲的になり、次に何をするかを意識できるようになってきている。1日の予定や、活動の意味やルールをわかりやすく伝えられるように工夫していきたい。

9月　週案・保育所・れもんぐみ

9月○日（木）	9月○日（金）	9月○日（土）
園庭遊び（かけっこ、ボール遊び）	防災訓練	異年齢保育 歌・リズム遊び
✚ かけっこ、ボール遊びなどで全身を動かして遊ぶ。健 💬 月曜日に続いて、この日は園庭での運動遊びを行います。	✚ 防災訓練に参加し、保育者の指示に従って並んだり歩いたりする。健	♥♪ 異年齢児と関わって、歌やリズム遊びを楽しむ。感 協
● 運動会本番と同じ体験ができるよう、用具や走る場所などを本番と同じ位置に設定する。	● 事前に絵本などを使い、防災訓練の大切さが理解できるようにしておく。 ●「おさない、かけない、しゃべらない、もどらない」の約束を日ごろから伝えておく。	●「うんどうかいのうた」などを用意し、行事に関わる歌を異年齢で楽しむ。 ● 歌からリズム遊びへとつなげていく。
● 保育者の声かけに合わせてスタートや集合ができるようにする。 ● 負けてくやしがっている子どもの気持ちを受け止め、励ます。	● 保育者は災害時を想定し、課題点を意識しながら行う。 ● 終了後によくできた点をほめ、子どもたちの意識を高める。	● 年長児のダンスや動きを見て、まねするように声かけする。

9月の遊びと環境

その① ポンポンダンス

用意するもの ポリエチレン製テープ

環境のポイント
皆で楽しく踊れるよう、「エビカニクス」や「からだくんありがとう」などの曲のCDを準備しておきましょう。

ポリエチレン製テープを束ねたものを細く割いて、ポンポンをつくる。

ポンポンができたら……

音楽に合わせてダンス

ポンポンを手にもったり、ズボンの腰にはさんだりして、ふさの動きを楽しみながら自由に踊る。

活動の内容
- 指先を使ってポリエチレン製テープを割き、ポンポンをつくる。
- リズムに乗って自由に体を動かす。

その② 耳をすまそう

用意するもの 虫や鳥の図鑑

公園で静かにし、虫や鳥の声に耳をすます。どんな声が聞こえてきたか、皆でまねをする。

チチッチチッ

リーリーリー

環境のポイント
すぐに写真を見られるようポケット図鑑をもっていくのもよいでしょう。

園に戻ってきたら……

図鑑を見る

虫や鳥について、図鑑で写真を見てさらに興味を広げる。

活動の内容
- 虫や鳥などの生き物に関心をもつ。
- 注意深く集中して、音を聞く。

9月の文例集

◎ CD-ROM → 📁 3歳児 _ 季節の文例集 → p103_9月の文例集

【5領域】 ✚…健康 ♥…人間関係 ▲…環境 💬…言葉 ♪…表現
【10の姿（幼児期の終わりまでに育ってほしい姿）】
健…健康な心と体　自…自立心　協…協同性
道…道徳性・規範意識の芽生え　社…社会生活との関わり
思…思考力の芽生え　然…自然との関わり・生命尊重
数…数量や図形、標識や文字などへの関心・感覚
言…言葉による伝え合い　感…豊かな感性と表現

前月末の子どもの姿

- フィンガーペインティングを楽しみ、色を混ぜることに興味をもった子どももいた。
- 夏休みの思い出を保育者に言葉で伝えようとする姿が見られた。

養護のねらい

- 保育者に見守られながら、安心して園生活を送れるようにする。
- 体調や気温などに合わせて衣服を着脱し、心地よく過ごせるようにする。

健康・安全への配慮

- 気温の高い日がしばらく続くため、水分補給を適宜行うように促す。
- 外遊びが増えるので、園庭に危険な箇所がないか確認し、安全に活動できるようにする。

ねらい

- ▲♪ お月見の行事に興味をもつ。 然 感
- ✚▲ 園庭で育てたいもを収穫することを喜ぶ。 然
- ♥♪ 感謝の気持ちを表現する。 社 感

内容

- ▲♪ お月見に関連し、ウサギのお面に色を塗る。 然 感
- ✚▲ 園庭のさつまいもを収穫し、自然の恵みに感謝する。 健
- ♥♪ おじいちゃん、おばあちゃんを思い浮かべながら絵を描く。 社 感

環境構成

- ウサギの顔と耳を描いた紙、画材を用意する。
- 収穫したさつまいもを入れるかご、袋などを用意しておく。
- 材料は素材ごと、色ごとに取り出しやすいように整えておく。

保育者との関わりと配慮事項

- 着色後、保育者がウサギの顔をハサミで切り取り、お面の形にする。
- 収穫したら、みんなでさつまいもを「1、2……」と数え、数に興味がもてるよう働きかける。
- 出来上がった絵は筒状に丸めてリボンを結び、家庭に持ち帰れるようにする。

職員との連携

- 園庭のさつまいも収穫について、職員の役割分担を確認しておく。
- 運動会に向けてプログラムを考え、用具に不備がないか確認し、必要に応じて修理する。

家庭・地域との連携

- さつまいも収穫の日には、家庭への持ち帰り用の袋と着替えの服を用意してもらう。
- 運動会の当日に参加・協力してもらえるよう、保護者や地域の方々に呼びかける。

食育

- 収穫したさつまいもをふかしてもらい、食べる。
- 食後の歯みがきを習慣づける。

10月 月案・みかんぐみ 保育所

CD-ROM → 3歳児_月案
→ p104-p109_10月の月案（みかんぐみ）

10月　みかんぐみ　月案

担任：A先生

今月の保育のポイント

運動会の練習などをとおし、友だちの姿に刺激や影響を受けることが多くなりますが、気分が乗らなかったり恥ずかしかったりして、やる気が必ずしも行動に反映されるとは限りません。子どもの気持ちに寄り添い、ゆったりと構えて接していきましょう。

前月末の子どもの姿

- 友だちと楽しそうにかけっこをする姿が見られた。
- 苦手な食材を食べたことを、誇らしそうに話す子どもがいた。

【5領域】健康✚　人間関係♥　環境▲　言葉●　表現♪	ねらい	内容
	✚運動会に期待し、戸外で十分に体を動かして遊ぶ。健	✚かけっこや体操などのやり方を理解し、楽しんで行う。健
	♥♪皆で運動会の会場づくりをする。協	♪運動会用の応援フラッグや、ダンスに使う小道具の製作を楽しんで行う。感
	▲秋の自然にふれ、草花や木の実に親しむ。然	▲どんぐりやススキなどがある公園で散策をする。然
	✚♥身のまわりのことを自分でしようとする。自	✚♥自分の持ち物を片づけたり、管理したりする。健自
	●友だちの遊びに関心をもち、仲間に入ったり一緒に遊んだりする。言	●「入れて」「貸して」など、遊びのなかで必要な言葉を使う。言協
	♪運動会を再現して楽しむ。感	♪運動会で楽しかったことを思い出し、運動会ごっこをする。感思

職員との連携

- 運動会の準備や当日の分担について、役割を決めておく。
- 戸外で過ごす時間が増えるので、子どもの健康状態に注意して見守る。
- 秋の自然散策に適した場所の情報を共有し合う。

家庭・地域との連携

- 運動会に向けての子どものがんばりを伝えながら、保護者に当日の参加や協力をあおぐ。
- 地域の方に運動会の開催日を伝えて、理解をあおぐ。
- 近隣の農家の方に、収穫作業の見学をお願いする。

[10の姿（幼児期の終わりまでに育ってほしい姿）]
健…健康な心と体　自…自立心　協…協同性　道…道徳性・規範意識の芽生え　社…社会生活との関わり　思…思考力の芽生え
自然…自然との関わり・生命尊重　数…数量や図形、標識や文字などへの関心・感覚　言…言葉による伝え合い　感…豊かな感性と表現

10月　月案・保育所・みかんぐみ

養護のねらい
- 運動会を通じて、自信や充実感が育っていくようにする。
- 子どもが自分から保育者に気持ちを伝えられるような環境づくりを意識する。

健康・安全への配慮
- 外から帰ったときは、手洗い・うがいをする習慣を身につける。
- 目標をもって運動遊びに取り組めるようにする。
- 自分で衣服の調節をして快適に過ごせるようにしていく。

行事
- 運動会
- 身体測定
- 誕生会
- 避難訓練
- ハロウィン
- いもほり遠足

環境構成	保育者の関わりと配慮事項
● 運動会で実際に使う道具を用意し、ルールなどもなるべく同様にする。	● 一人ひとりが自信をもって楽しめるよう、十分に励ましほめていく。
● 完成した子から、すぐにできるよう当日にするダンスの曲を流して遊べるスペースをつくっておく。	● 乗り気ではない子どもには無理強いせず、別の遊びを楽しめるよう見守る。
● 木の実を持ち帰れるように袋や容器を準備していく。	● 秋の訪れを目で探すだけでなく、音やにおいなどにも保育者が自ら気づき、子どもと一緒に感じる。
● 持ち物を入れる箱にマークやイラストを貼って、自分の場所がわかるように工夫する。	● 自分でしようとする姿やできたところを見逃さず認め、励ましていく。
● 子どもたちだけでやり取りをしているときには近くで見守る。	● 必要に応じて保育者が言い方を伝えたり、一緒に言ったりする。
● ほかのクラスのダンスの曲を用意しておき、まねをして楽しめるようにする。	● 楽しかった運動会のことを思い出しながら遊ぶ姿に共感する。

食育
- 秋にとれる作物の収穫を見学し、農家の仕事にふれる。
- 食べ物が登場する絵本や歌にふれ、食への興味を広げる。

反省・評価のポイント
- 運動会に向けた一人ひとりのがんばりを認め、皆で楽しい気持ちを共有できたか。
- 自分からやろうとする気持ちをほめ、やる気を引き出すことができたか。

10月 月案・れもんぐみ 保育所

CD-ROM → 3歳児_月案
→ p104-p109_10月の月案（れもんぐみ）

10月　れもんぐみ　月案
担任：B先生

今月の保育のポイント
運動会という大きなイベントを迎え、子どもの意欲が高まる時期です。一人ひとりのがんばりを認め、自信につなげていきましょう。運動会終了後も、子どもたちが気に入った競技やおゆうぎを遊びのなかに取り入れ、引き続き楽しんでいけるようにします。

前月末の子どもの姿
- ダンスのときに友だちの動きを気にして、まねをする姿が見られた。
- 保育者の話を一度に長くだと最後まで聞くことができない子どももいたが、短い話を数回に分ければ集中して聞く様子も見られた。

【5領域】 健康✚ 人間関係♥ 環境🌲 言葉💬 表現♪	ねらい	内容
	✚運動会への期待感をもって、思いきり体を動かす心地よさを味わう。健	✚園庭でボールを使って、広いスペースでのびのびと遊ぶ。健
		✚かけっこやボール遊びを楽しむ。健
	♥友だちと遊ぶなかで、約束ごとを意識し守ろうとする。協 道	✚順番や約束ごとを守って、園庭の遊具で友だちと遊ぶ。協 道
	🌲秋の自然に親しみ、関心をもつ。然	🌲園庭や公園で自然散策をし、植物や虫を見たり触ったりすることを楽しむ。然
	♥💬自分なりの方法で思いを伝える。言 協	♥💬遊びのなかで友だちに伝えたいことを言葉や動き、表情で伝える。言 協
	♪秋の自然物を使って製作を楽しむ。感 思 然	♪公園でみつけてきた葉っぱや木の実を使って、自由に製作を楽しむ。感 思 然

職員との連携
- 運動会を安全に、スムーズに進行できるように担当を確認し合う。
- 採集した自然物の取り扱い、保管のしかたについて園全体でのルールを決める。

家庭・地域との連携
- 運動会の親子競技への参加など、保護者に協力をお願いする。
- 地域に運動会を告知し、招待する。
- 1日の気温差が大きい時期になるので、調節しやすい衣服を用意してもらうよう伝える。

[10の姿（幼児期の終わりまでに育ってほしい姿）]
健…健康な心と体　自…自立心　協…協同性　道…道徳性・規範意識の芽生え　社…社会生活との関わり　思…思考力の芽生え
自然…自然との関わり・生命尊重　数…数量や図形、標識や文字などへの関心・感覚　言…言葉による伝え合い　感…豊かな感性と表現

10月　月案・保育所・れもんぐみ

養護のねらい
- 子どもの思いを受け止め、安心して過ごせるようにする。
- 身のまわりのことを自分でやってみようとする意欲が育つ働きかけをする。

健康・安全への配慮
- 戸外での活動・遊びのなかで、安全面を意識できるよう声かけする。
- 気温差に応じて衣服の調節を行えるように留意する。
- 園外での交通事故を防ぐため、交通ルールを意識して散歩ができるようにする。

行事
- 運動会
- 身体測定
- 誕生会
- 避難訓練
- ハロウィン
- いもほり遠足

環境構成	保育者の関わりと配慮事項
●園庭に石や木片、ごみなどの障害物がないか、あらかじめ確認しておく。	●ほめられることで運動が楽しくなるような声かけをする。
●運動会と同じ用具や笛を準備し、運動会に近い雰囲気のなかで遊べるようにする。	●子どもがはりきりすぎて疲れたり、けがをしたりすることのないよう十分配慮する。
●固定遊具に不具合がないか、確認しておく。	●子ども同士のやりとりを見守り、危険なときは必要に応じて声をかけていく。
●事前に秋を感じる植物や虫などを探しておき、子どもたちを誘うようにする。	●子どもたちが発見したことや驚きに共感する。
●友だちに思いを伝えようとしているときには、保育者もそばでうなずきながら聞くようにする。	●思いがうまく伝わらないときには保育者が言葉にして伝える。
●公園などで採集した葉っぱや木の実は、一度消毒をしてから製作に用いる。	●子どもの発想を大切にし、「すごいね」などと言葉をかけ、自由な表現を認めていく。

食育
- 野菜スタンプで遊び、野菜の形の違いに関心をもつ。
- 皆で焼きいもをつくり、秋の味覚を味わう。

反省・評価のポイント
- 運動会での個々のがんばりをほめ、子ども同士も認めあうように導くことができたか。
- 自分の思いを言葉にして、相手に伝わったときの喜びに共感することができたか。

10月 月案・こあらぐみ

幼稚園・認定こども園

CD-ROM → 3歳児_月案
→ p104-p109_10月の月案（こあらぐみ）

10月　こあらぐみ　月案

担任：C先生

今月の保育のポイント

過ごしやすい季節ですので、運動会に向けた活動に加え、遠足や秋の自然散策など、戸外での活動を計画します。楽しい活動のなかで、保育者の指示を聞いて集まったり列をつくって並んだりすることがスムーズにできるようにしていきます。多くの経験をし、満足感を得ながら成長していくチャンスです。

前月末の子どもの姿

- 夏休み明けで、保護者と離れがたそうにする子どもがいた。
- 友だちの動きや身につけているものを意識したり、遊び方をまねたりする子どもも見られた。

	第1週	第2週
ねらい	♥♪✚ 保育者や友だちとさまざまな動きをしながら体を動かして遊ぶ楽しさを感じる。健 ✚ 気温に合わせて着替えをしようとする。健	♠♪ 秋の自然物を使い、遊びに取り入れて楽しむ。感 ♥✚ 保育者や友だちと一緒に運動会を楽しむ。健 協
内容	♪✚ 運動会に向け、かけっこ、トンネルくぐり、ダンスなどを楽しむ。健 ✚ 気温に応じて、上着を着たり脱いだりする。健	♠♪ ススキを見たり、バッタやコオロギなど秋の虫を探したりしながら季節の移り変わりを楽しむ。然 感 ♥♪ 歌や絵本をとおし、はじめての運動会に期待をもつ。協 感
環境構成	● 運動会を楽しみにする気持ちをもてるよう、運動会で使う旗やメダルなどを準備しておく。 ● 保育者がそばで見守り、できないところはさりげなく手伝う。	● 秋の自然に出あえる散歩コースを調べておく。 ●「運動会の歌」を歌ったり、運動会の絵本を見たりして期待感を高めるようにする。
保育者の援助	● かけっこなど体を動かすことが楽しめるように保育者が一緒に走るなどして参加しやすくする。 ● 体を動かしやすい服装か、靴のサイズが合っているか、留意する。	● 秋の自然を発見する喜びや驚きの感情を、言葉にして子どもと共有する。 ● 運動会当日、緊張や不安を感じている子どもには個別に関わりリラックスできるようにする。

職員との連携

- 運動会に際しての保護者への連絡事項や注意点などを話し合い、まとめておく。
- 園庭を使う活動の時間帯について、他クラスの担任と調整をしておく。

家庭・地域との連携

- 運動会の内容、準備するもの、協力してほしいことを早めに保護者に伝える。
- 運動会のポスターを掲示するなどして、地域の方々を招く。

[5領域] ✚…健康 ♥…人間関係 ▲…環境 💬…言葉 ♪…表現

[10の姿（幼児期の終わりまでに育ってほしい姿）]
健…健康な心と体　自…自立心　協…協同性　道…道徳性・規範意識の芽生え　社…社会生活との関わり　思…思考力の芽生え
自然…自然との関わり・生命尊重　数…数量や図形、標識や文字などへの関心・感覚　言…言葉による伝え合い　感…豊かな感性と表現

🎯 月のねらい

- ✚ 十分に体を動かし、運動する楽しさを味わう。健
- ▲ 秋の自然物にふれ、興味を広げて遊びに取り入れることを楽しむ。感 自 思
- 💬 保育者の指示を聞き、身のまわりのことをしようとする。言 思

🎂 行事

- 身体測定
- 運動会
- 誕生会
- いもほり遠足
- ハロウィン

10月　月案・幼稚園・認定こども園

第3週	第4週
▲♪秋の自然物を使い、遊びに取り入れて友だちと楽しむ。感 ▲✚♥♪運動会を思い出しながら運動会ごっこを楽しむ。協 道	✚♪💬体験したことや楽しかったことを自分なりに再現したり、言葉や絵で表したりする。健 言 感 ✚行事に参加することを楽しみにする。健
▲♪どんぐりやススキを使って製作や見立て遊び、ごっこ遊びをする。感 思 自 ✚♥▲♪年長児に教えてもらいながらダンスや競技を一緒に楽しむ。協 道 感 健	✚♪💬運動会の体験や楽しかったことを言葉や絵、動きにし、保育者と楽しさを共有する。健 言 感 ✚自分の手でいもをほり収穫を楽しむ。自然
●木の実に貼る目玉シールなどを用意しておく。 ●運動会ごっこができるよう、運動会で使った用具を残しておく。	●体験を表現する楽しさが感じられるように、用具や材料を用意しておく。 ●遠足を楽しみに思えるよう、事前に絵本や紙芝居で見たり、話題に上げたりする。
●拾った自然物を、子どもがなめたり口に入れたりしないように注意して見守る。 ●年長クラスの保育者と連携をとり、異年齢で楽しめるようにする。	●保育者が一人ひとり話を聞き、楽しかったことに共感する。 ●いもほりをとおして秋の野菜に興味がもてるような言葉がけをする。

🍴 食育

- いもほりを楽しみ、収穫し味わう。
- いもの葉やつるに興味をもつ。

☑ 反省・評価のポイント

- 子どもたちが運動会に期待感をもち、楽しんで参加できるよう働きかけることができたか。
- 秋の自然物にふれて感じたことや気づいたことを、子どもたちと共有することができたか。

10月 週案・みかんぐみ 保育所

CD-ROM → 3歳児_週案→p110-p111_10月の週案

運動会

10月　みかんぐみ　週案
担任：A先生

予想される子どもの姿
- 運動会への期待や意欲が高まり、年長児の競技にも興味をもつ。
- 人前でのダンスを恥ずかしがる子もいれば、ダンスに夢中になる子もいる。

	10月○日（月）	10月○日（火）	10月○日（水）	
活動予定	園庭遊び（かけっこ、ボール遊び）	園周辺の散歩（公園での自然散策）	園庭遊び（ダンス）	
内容	✚運動会への期待をもって運動遊びを楽しむ。健　　　この週は土曜日の運動会に向けて、さまざまな活動を行います。	▲散歩にでかけ、秋の自然をみつける。然　　　毎日運動会を意識した活動だと疲れてしまうので、園から離れて公園に出かけます。	✚運動会に向けて楽しくダンスを踊る。健	
環境構成	・けがのないよう十分に準備体操をする時間をとる。	・どんぐりや秋の虫などにふれることができるルート、公園を設定する。・自然物を持ち帰れるようにビニール袋やカップなどを用意する。	・運動会のダンスの曲「エビカニクス」「ブンバ・ボーン」の音源を用意しておく。	
保育者の配慮	・友だちと一緒に走る楽しさが感じられるようにする。・自分が走っていないときは、他児を応援するように促す。	・子どもと一緒に自然物をみつけたり、遊び方を考えたりする。・「よくみつけたね」「きれいだね！」など、子どもたちの発見や驚きに共感する。	・ダンスに夢中になる子どももいるので、途中で休息をして、疲れすぎないように配慮する。・見てもらう楽しさが味わえるような言葉がけをする。	

[5領域] ✚…健康 ♥…人間関係 🌲…環境 💬…言葉 ♪…表現

[10の姿（幼児期の終わりまでに育ってほしい姿）]
健…健康な心と体　自…自立心　協…協同性　道…道徳性・規範意識の芽生え　社…社会生活との関わり　思…思考力の芽生え
自然…自然との関わり・生命尊重　数…数量や図形、標識や文字などへの関心・感覚　言…言葉による伝え合い　感…豊かな感性と表現

🎯 ねらい

- ✚ 運動会に楽しんで参加する。健
- ♥ 友だちと一緒の活動を楽しむ。協
- 🌲 秋の自然にふれ、興味をもつ。自然

✅ 振り返り

皆で参加し応援し合う運動会を経て、友だち同士の結びつきが強くなったようだった。これからも互いに気持ちを伝え合うなど、関係が深まるよう適切に支援していきたい。

	10月○日（木）	10月○日（金）	10月○日（土）
	室内遊び（運動会に向けた製作）	運動会のリハーサル	運動会
	♪運動会で使う応援の旗や、飾りの製作を楽しむ。感	✚運動会のリハーサルを楽しんで行う。自 いよいよ明日は運動会。園全体でプログラムに沿ったリハーサルを行います。	✚運動会に楽しんで参加する。健 ♥保護者や異年齢児とのふれあいを楽しむ。協
	● 飾りをつくる前に本番や前日のリハーサルの予定を事前に伝える時間をつくり、運動会本番のイメージができるようにする。	● 危険がないように園庭（運動会の会場）の環境を整えておく。 ● 異年齢児の競技を楽しんで見たり、応援したりできるように応援席を設ける。	● 年長児の競技を見ているときは、「皆もやってみたいね」など、興味をもって応援できる声かけをする。
	● 皆で気持ちを合わせて運動会の飾りをつくり上げる楽しさを伝える。 ● 友だちがつくっているものにも意識がいくような言葉がけをする。	● 緊張や不安を抱えている子どもには個別にリラックスできる言葉がけをする。 ● 当日、自分たちが競技をしない時間の活動（応援、競技を見る）も伝える。	● 観客のいる環境にとまどう子どももいるため、気持ちに寄り添い安心できるようにする。 ● がんばりを認め、自信につなげていく。

10月・週案・保育所・みかんぐみ

10月の遊びと環境

その① 草花コレクション

用意するもの 園庭や道端の葉や花、シート

活動の内容
- 葉っぱや花の形や種類の違いに気づく。
- 秋の自然に親しみ、季節を感じる。

環境のポイント
一人ひとりにビニール袋や空き容器を用意して、自然物を持ち帰れるようにしましょう。

集めて並べたら……

押し葉、押し花づくり

葉や花を新聞紙にはさみ、重い本などでおもしをしておく。パリッと乾いたら工作やコラージュなどに使う。

大きい葉、小さい葉、色や形の違う花を集めて遊ぶ。

その② アスレチックごっこ

用意するもの 平均台、跳び箱、マット、なわとびなど

活動の内容
- さまざまな体の動きを経験する。
- 運動遊びを楽しむ。

環境のポイント
転びやすいところや補助が必要なところに保育者を配置して安全に注意して見守りましょう。

慣れてきたら……

転がる

「マットの上を転がる」「片足ケンケンで通る」など、少し難しい動きのバリエーションを増やして、ゴールする楽しみにつなげる。

丸めたマット

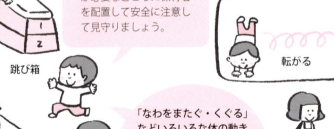
跳び箱　くぐる

「なわをまたぐ・くぐる」などいろいろな体の動きにチャレンジできるコースづくりを工夫して簡単なアスレチックコースをつくる。

ケンケン
なわでコースをつくる

平均台

10月の文例集

● CD-ROM → ■ 3歳児_季節の文例集→ p113_10月の文例集

[5領域] ✚…健康 ♥…人間関係 ▲…環境 ●…言葉 ♪…表現

[10の姿（幼児期の終わりまでに育ってほしい姿）]
健…健康な心と体　自…自立心　協…協同性
道…道徳性・規範意識の芽生え　社…社会生活との関わり
思…思考力の芽生え　然…自然との関わり・生命尊重
数…数量や図形、標識や文字などへの関心・感覚
言…言葉による伝え合い　感…豊かな感性と表現

前月末の子どもの姿

- 散歩のとき列から離れたりする子に、「ダメだよ」と言って手をつなぐ子どもがいた。
- 保育者の手伝いをしたいという意思を表す子どもが見られた。

養護のねらい

- 1対1で子どもたちの思いを受け止め、安心して活動できるようにする。
- 身のまわりのことを自分で行う意欲をもてるように声かけする。

健康・安全への配慮

- 晴れて湿度が低い日にはぬいぐるみや寝具を干して、衛生面に気を配る。
- 災害を想定した避難マニュアルを確認しておく。

ねらい

- ▲✚秋を感じながら、戸外で活動する。然
- ▲皆でハロウィンの行事を楽しむ。社
- ✚運動会で楽しかった競技を思い出して、遊びに取り入れる。健

内容

- ▲✚夏とは異なる景色を楽しみ、どんぐりを拾ったり、コオロギを探したりする。然
- ▲ハロウィンパーティーの飾りつけを手伝い、仮装してパーティーに参加する。社
- ✚友だちとかけっこを楽しむ。健

環境構成

- 公園だけでなく、途中の散歩道にも秋を感じるコースを設定する。
- 年長児と一緒に飾りつけができるよう、担任同士で打ち合わせをしておく。
- 運動会で流した音楽を遊びのときにかける。

保育者との関わりと配慮事項

- どんぐりの種類による形の違いに気づけるような言葉がけをする。
- 年長児へのあこがれの気持ちがもてるよう、必要に応じて仲立ちしながら様子を見守る。

職員との連携

- ハロウィンで子どもたちに渡すお菓子を担当職員が用意し、全職員で袋詰めしておく。
- 予防接種の有無を確認し、受けていない子どもについては園全体で把握しておく。

家庭・地域との連携

- 予防接種の接種状況について、母子健康手帳を活用しながら保護者に確認する。
- 地域の防災訓練に定期的に参加し、万一の場合に備える。

食育

- 秋の果物（栗、梨、柿など）を食べ、食べ物と季節の関係を知る。
- はしの使い方を練習する。

10月 遊びと環境・文例集

11月 月案・みかんぐみ　保育所

CD-ROM → 3歳児_月案
→ p114-p119_11月の月案（みかんぐみ）

11月　みかんぐみ　月案

担任：A先生

今月の保育のポイント

自分の思いを言葉や動きで表すことに楽しみを感じる子どもが増えてきます。ごっこ遊びをとおして自由に話をしたり、子どもの思いつきに共感したりして活動を発展させていきましょう。小さな自信の積み重ねが子どもの意欲につながります。

前月末の子どもの姿

- 運動会の思い出を楽しそうに保育者に話す姿が見られた。
- 気に入った絵本を繰り返し読んでもらい、それを楽しむ子どもの姿があった。

【5領域】 健康✚ 人間関係♥ 環境▲ 言葉💬 表現♪	ねらい	内容
	✚身のまわりを清潔に保ち、心地よさを感じる。健	✚鼻水がでたら、自分でティッシュを使って拭こうとする。健自
	✚園庭で思いきり体を動かすことを楽しむ。健	✚段ボールぞりなど、新しい遊びを取り入れ、さまざまな動きをやってみようとする。健自思
	♥友だちと一緒に、遊具で遊ぶことを楽しむ。協	♥遊具の使い方がわかり、順番を守って遊ぶ。協道
	✚1日の流れがわかり、できることは自分でしようとする。道自	♥保育者の手伝いをしたり、友だちと一緒に片づけたりする。道自
	♪役になりきることを楽しむ。感思	♪動物の世界、お姫様ごっこなど、好きな役を選んでごっこ遊びをする。感思

職員との連携

- 地域や園内でのかぜやインフルエンザの流行状況を把握し、対策について情報共有する。
- 活動が単調になっていないか、職員間で話し合う。

家庭・地域との連携

- 保護者に着脱しやすい衣服の用意をお願いする。
- 子どもの体調について、小さな兆候を見逃さずに保護者と伝達し合う。

[10の姿（幼児期の終わりまでに育ってほしい姿）]
健…健康な心と体　自…自立心　協…協同性　道…道徳性・規範意識の芽生え　社…社会生活との関わり　思…思考力の芽生え
自…自然との関わり・生命尊重　数…数量や図形、標識や文字などへの関心・感覚　言…言葉による伝え合い　感…豊かな感性と表現

11月 月案・保育所・みかんぐみ

養護のねらい
- 1日の予定がわかり、生活の見通しをもって行動できるようにする。
- 活動に集中し、満足感を得られるようにしていく。
- 手洗いやうがいをていねいに行えるように言葉がけしていく。

健康・安全への配慮
- かぜ予防の意識をもって、手洗い、うがいができるようにする。
- 交通ルールを守って散歩や登降園をする。
- インフルエンザや感染症の予防、対策に留意する。

行事
- 身体測定
- 誕生会
- 避難訓練
- 保育参観

環境構成	保育者の関わりと配慮事項
●鼻水をいつでも拭けるよう、ティッシュとごみ入れを園内の各所に置いておく。	●鼻水を手で拭こうとしたら「何で拭いたらいいかな？」と聞き、自分で意識できるようにする。
●段ボールは丈夫だが、何度もすべると破れるので多めに用意し、十分遊びこめるようにする。	●一人ひとりの発達に応じて、無理なく体を動かせるように見守る。
●遊具の順番を守れるよう、並ぶ場所に順にフープを置いておく。	●遊具を安全に使いながら、一人ひとりが楽しく遊べるように注意して見守る。
●保育者が一緒に片づけながら、やり方を示したり、きれいになる心地よさを伝えたりする。	●手伝いをしてくれたことに対して、感謝を伝えて自信につなげる。
●画用紙のお面、ビニールを使ったドレスなどをつくることも含めてイメージをふくらませる。	●子どもの興味に応じて、お話の世界を変えるように提案する。

食育
- 気持ちをこめて「いただきます」「ごちそうさま」のあいさつをする。
- 食べこぼしをしたら、自らおしぼりで拭き片づけようとする。

反省・評価のポイント
- かぜ予防の意識を高めながら、戸外で元気に活動できたか。
- 子どものイメージがふくらむようなきっかけをつくることができたか。

11月 月案・れもんぐみ 保育所

CD-ROM → 3歳児_月案
→ p114-p119_11月の月案（れもんぐみ）

11月　れもんぐみ　月案

担任：B先生

今月の保育のポイント

友だちへの関心が高まってくる時期なので、活動のなかで子ども同士が関われるような機会を積極的につくっていきましょう。他クラスや異年齢児、また地域の方々とも交流できる活動を行い、親しみをもって会話やあいさつができるようにしていきます。

前月末の子どもの姿

- 運動会本番では、練習通りにできた子どもも緊張してうまくできなかった子どもも、それぞれ充実した表情を見せていた。
- どんぐりや落ち葉に興味をもち、たくさん集めることを楽しんでいた。

【5領域】 健康✚ 人間関係♥ 環境▲ 言葉● 表現♪	ねらい	内容
	✚手洗い・うがいをていねいに行おうとする。健	✚冬を前に改めて正しい手洗い、うがいのしかたを知り、それを行おうとする。健 自
	♥友だちとやりとりをしながら、簡単なルールのある遊びを楽しむ。協 道	♥鬼ごっこやドロケイなど、簡単なルールのある遊びをとおして友だちと関わる。協 道
	✚生活のなかで必要なことを自分でしようとする。自	✚保育者の声かけで体温調節のために自ら上着の着脱をする。自 健
	▲秋の自然物を遊びのなかに取り入れる。感	▲落ち葉や木の実を自分の服に飾ったり、見立て遊びなどをしたりして友だちと遊ぶ。感 思
	●絵本や紙芝居をとおし、お話の世界に親しむ。言	●絵本や紙芝居の物語を楽しみ、印象的な言葉をまねて言ってみる。言 感
	♪楽器を鳴らして、音やリズム遊びを楽しむ。感	♪親しみのある歌や曲に合わせて、思い思いに楽器を鳴らす。感

職員との連携

- 職員間でもかぜ予防に努める意識を確認する。
- 気候に応じて活動の予定を変えるなど、連携し合って臨機応変に対応する。

家庭・地域との連携

- 家庭でも手洗い、うがいを励行してもらうようにおたよりなどで伝える。
- 勤労感謝の日にちなみ、地域のお店や仕事をしている方々と交流できるよう計画を立てる。

[10の姿（幼児期の終わりまでに育ってほしい姿）]
健…健康な心と体　自…自立心　協…協同性　道…道徳性・規範意識の芽生え　社…社会生活との関わり　思…思考力の芽生え
然…自然との関わり・生命尊重　数…数量や図形、標識や文字などへの関心・感覚　言…言葉による伝え合い　感…豊かな感性と表現

11月　月案・保育所・れもんぐみ

養護のねらい

- 体を十分に動かし、徐々に体力をつけていく。
- 衣服の調節を自分でできるようにしていく。
- したいこと、してほしいことを言葉で言えるように個々の気持ちを受けとめる。

健康・安全への配慮

- かぜ予防を意識し手洗い・うがいを自分で行えるように声かけする。
- 日によって寒暖の差があるので、上着などで調整するように促す。

行事

- 身体測定
- 誕生会
- 避難訓練
- 保育参観

環境構成	保育者の関わりと配慮事項
●石けん液を補充し、汚れたコップはきれいに洗浄しておく。	●かぜ予防のためにも手洗い・うがいが重要であることを伝えていく。
●遊びに必要なスペースを確保しておく。	●はじめは保育者も一緒に遊びに加わり、少しずつ子どもたちだけで遊べるように配慮する。
●脱いだ上着を置く場所をつくり、子どもたちにわかるように伝えておく。	●戸外遊びなどの際に、「暑くなったね」「寒くなったね」などと声をかけて着脱を促す。
●落ち葉や木の実を飾った帽子や洋服などの見本をつくって、子どもたちに見せる。	●「この葉っぱ、○○みたい」など子どものつぶやきを拾い、イメージをふくらませて遊びを展開できるよう導く。
●子どもたちが好きなリズム感のあるセリフがでてくる物語を選ぶ。	●物語でそのセリフを言った登場人物になりきって、遊びが続くよう保育者も参加する。
●すずやカスタネットなどは、子どもたちがいつでもふれられるよう室内に置いておく。	●保育者の手拍子に合わせてたたくなど、タイミングを伝え、音の一体感を演出する。

食育

- 食べ物や料理をつくってくれた人に感謝の気持ちをもつ。
- 食事のテーブルを飾ると、食べることが楽しくなることを知る。

反省・評価のポイント

- 身のまわりのことを自分でしようとする姿勢を認め、適切に援助できたか。
- 子どものアイデアや意見を取り入れながら、活動を発展させていくことができたか。

11月 月案・こあらぐみ

幼稚園・認定こども園

CD-ROM → 3歳児_月案
→ p114-p119_11月の月案（こあらぐみ）

11月　こあらぐみ　月案

担任：C先生

今月の保育のポイント

体の運動機能が発達し、手先も徐々に器用に動かせるようになり、「自分でやりたい」という気持ちが強くなってきます。そのような気持ちを大切にしながら、さまざまな活動が行えるように注意し、遊具や用具の使い方などをしっかりと伝えられるよう、落ち着いた空間づくりを意識していきましょう。

前月末の子どもの姿

- 運動会や遠足の楽しかった出来事を、保育者に繰り返し話そうとしていた。
- ケンケンとび、マットで転がるなど、いろいろな動作ができるようになってきた。

	第1週	第2週	
ねらい	♠♥気の合った友だちと同じ遊びをすることを楽しむ。協思 ✚自分の持ち物の始末や片づけを、自分からしようとする。自健	♠♥気の合った友だちと同じ遊びをすることを楽しむ。協感 ♠気温の変化、自然の移り変わりに気づく。然	
内容	♠♥近くにいる友だちと、同じ場で過ごしたり同じように動いたりする楽しさを感じる。協思 ✚自分の持ち物の出し入れ、脱いだ衣服をたたむなど、保育者に手伝ってもらいながら自分で行う。自健	✚♠♥見立てたりつもりになったりして遊ぶ楽しさを感じる。協健 ●♠戸外を散歩し、季節の変化を感じ言葉にする。然	
環境構成	●戸外、室内でさまざまな遊びに取り組めるよう遊具、用具、材料を準備する。	●遊具や季節に合った見立てられるものを用意する。 ●秋の自然物に関する絵本を用意し、自由に見られるようにしておく。	
保育者の援助	●したいことをみつけて取り組む姿を認め、友だちの動きに興味がもてるよう言葉がけする。 ●自分でできたところを見逃さずに認め、励ましていく。	●必要に応じて保育者も遊びに加わり、友だちの動きや思いを言葉で伝える。 ●落ち葉、みの虫、動物の冬眠など、自然の冬支度について絵本などで伝えて関心を広げる。	

職員との連携

- 秋の行事が続き、興奮したり疲れがたまったりしている子どももいるので、職員同士で情報を共有し合う。
- 年末のお楽しみ会について打ち合わせをしておく。

家庭・地域との連携

- 体調を崩しやすい季節なので、家庭でも手洗いやうがいを習慣づけてもらうようお願いする。
- 個人面談では2学期の子どもの姿や友だちとの関わりを伝え、一緒に成長を喜ぶ。

[5領域] ✚…健康 ♥…人間関係 ▲…環境 💬…言葉 ♪…表現

[10の姿（幼児期の終わりまでに育ってほしい姿）]
健…健康な心と体　自…自立心　協…協同性　道…道徳性・規範意識の芽生え　社…社会生活との関わり　思…思考力の芽生え
然…自然との関わり・生命尊重　数…数量や図形、標識や文字などへの関心・感覚　言…言葉による伝え合い　感…豊かな感性と表現

月のねらい

- ✚♥ 好きな遊びを繰り返したり、友だちと遊びのなかで関わったりすることを楽しむ。健協
- ✚ 見通しをもって、身のまわりのことをする。健
- ♪ 自分なりに表現することで、満足感を味わう。自

行事

- 身体測定
- 個人面談
- 誕生会
- バザー

11月 月案・幼稚園・認定こども園

第3週	第4週
♥▲♪友だちの動きを見ながら遊ぶことを楽しむ。協感 ✚手洗い・うがいの大切さに関心をもつ。健	♥💬自分の気持ちを言葉で伝えようとする。言 ▲♪自分なりのイメージをもち、試したり工夫したりする楽しさを感じる。感思
♥▲♪友だちと同じ場で、同じ動きをして遊ぶこと（楽器遊び、ごっこ遊びなど）を楽しむ。感 ✚手洗い・うがいを自分から行おうとする。健	♥💬保育者に自分の思ったことや感じたことを言葉で伝えようとする。言 ♪身近な素材で自分なりにつくったり描いたりして遊ぶ。感
●楽器遊びではマラカス、すず、カスタネットなどを人数に合わせて十分な数を準備しておく。 ●手洗い・うがいと風邪予防について、絵本や紙芝居などを使って伝える。	●遊びのなかで一人ひとりの言葉をていねいに受け止める。 ●クレヨンやハサミは十分な数を準備する。 ●紙や素材は適当な大きさ・量を準備しておく。
●保育者も同じ場で遊び、動きや音を合わせる楽しさに共感していく。 ●手洗い・うがい、鼻をかむなどを促し、できたことを認めて自分から行う気持ちを育てていく。	●思いを表す言葉を保育者が一緒に言うようにする。 ●「かっこいいね！」「きもちいいね」「きれいだね」など言葉にし、表現する楽しさを感じられるようにする。

食育

- ●食事をしながら、食材や料理の名前を言葉にしていく。
- ●好きな食べ物について、皆で話すことを通じ、食への興味を深める。

反省・評価のポイント

- ●子どもが活動のなかで感じた喜びを話したい気持ちを受け止められたか。
- ●先回りせず、子どもの行動を見守ることができたか。
- ●のびのびと遊びたくなるような環境、空間を準備できたか。

11月 週案・れもんぐみ　保育所

11月　れもんぐみ　週案
担任：B先生

予想される子どもの姿
- 衣服の着脱や鼻水の始末など、身のまわりのことを自分でしようとする。
- 友だちのしている遊びや発言に興味をもって関わろうとする。

	11月○日（月）	11月○日（火）	11月○日（水）
活動予定	室内遊び（絵本、紙芝居）	園周辺の散歩（公園での自然散策）	室内遊び（自然物を使った製作）
内容	● 好きな絵本を何度も読んでもらったり、見たりして楽しむ。言思	▲ 公園で秋の自然物探しをする。然思　 （どんぐりやまつぼっくり、落ち葉を拾い集め、翌日の製作に使います。）	♪ 拾ってきたどんぐりなどを使って楽器（マラカス）製作をして楽しむ。然感
環境構成	● 絵本は子どもたちの取り出しやすい場所に置いておく。	● 秋の自然物に関する絵本や図鑑を子どもが見やすい場所に置いておく。 ● 木の実や落ち葉など、自然物を持ち帰れるよう、ビニール袋やカップなどを用意する。	● 紙コップ、どんぐり、豆、米などを用意する。 ● 個々に装飾できるように画材やシールを用意する。
保育者の配慮	● 物語を楽しむ気持ちに共感し、保育者も楽しそうに読む。	● 持ち帰った自然物は消毒して、製作に使えるようにする。 ● 外から帰ってきたら、ていねいに手洗い・うがいをすることを伝える。	● 出来上がったら、皆が知っている曲に合わせてマラカスを振って遊べるようにする。 ● 中に入れた素材によって音が違うことに気がつけるような言葉がけをする。

〔5領域〕 ✚…健康 ♥…人間関係 ▲…環境 💬…言葉 ♪…表現

〔10の姿（幼児期の終わりまでに育ってほしい姿）〕
健…健康な心と体　自…自立心　協…協同性　道…道徳性・規範意識の芽生え　社…社会生活との関わり　思…思考力の芽生え
然…自然との関わり・生命尊重　数…数量や図形、標識や文字などへの関心・感覚　言…言葉による伝え合い　感…豊かな感性と表現

🎯 ねらい

- ✚ 自分で衣服の調節をしようとする。健
- ▲ 秋の自然にふれ、遊びにつなげる。然
- ✚ 自分がしたいことを繰り返し楽しむ。健

☑ 振り返り

手洗いやうがいを意識してていねいに行うことができるようになってきた。自分から衣服の着脱をしたり、友だちに声をかけて手伝おうとしたりする姿も見られた。

11月　週案・保育所・れもんぐみ

11月○日（木）	11月○日（金）	11月○日（土）
保育参観	園庭遊び（固定遊具、ボール遊び、なわとび）	異年齢保育 室内遊び
✚ 保護者に見守られながらお絵描き、楽器遊び、運動遊びなどを楽しんで行う。健社	✚ 園庭で体を思いきり動かして元気に遊ぶ。健自 💬 少なくとも週に一度以上は、外で体を思いきり動かして遊ぶ日をつくりましょう。	✚♥ 異年齢児と関わりながら、室内で手指を使った遊びを楽しむ。協
🍎 保護者に見守られながら、普段通りの活動ができる雰囲気をつくる。	🍎 おしくらまんじゅうなどで十分に体を温める。 🍎 子どもたちが好きな遊びを選べるように園庭の使用時間を他クラスと調整しておく。	🍎 あやとり、指遊び、折り紙など、好きな室内遊びができるよう準備しておく。
🍎 緊張している子どもの様子に目を配り、安心できるように寄り添う。 🍎 保育者自身がいつも通りにふるまうように心がける。	🍎 ポケットに手を入れないよう伝え、入れている子どもには声をかける。 🍎 体が温まったら上着を脱ぐように声をかけていく。	🍎 保育者も関わり折り方や遊び方を示しながら、年長児とふれあって遊びを楽しめるようにする。

11月の遊びと環境

その① なりきり遊び

用意するもの カラーポリ袋、紙テープ、毛糸、リボン、色紙など

活動の内容
- なりたいもの（王さま、お姫さま、魔法使い）をイメージし、工夫してつくる。
- さまざまな素材に親しむ。

大きなカラーポリ袋で服をつくったり、帽子や小道具をつくったりしてそれぞれおめかしする。

環境のポイント
一人ひとりが好きな衣装になれるように、多めの種類の小物を用意しましょう。

おめかししたら……

劇遊び

衣装をつけ、役になりきって劇遊びをする。

（イラスト注記：輪飾りネックレス／リボン／紙の飾りを貼る／黒いビニールのマント／紙のベルト／まほうのつえ）

その② 小枝の道

用意するもの 小枝

長い小枝を集めて、皆で相談しながら長い道をつくる。

活動の内容
- 長い枝、短い枝があることに気づく。
- 友だちと協力してつくる楽しさを感じる。

みんなでつくった道を使って……

陣とりゲーム

陣とりゲームをして遊んだり、分かれ道をつくってその先に家やお店のスペースをつくったりする。

11月の文例集

[5領域] ✚…健康 ♥…人間関係 ▲…環境 💬…言葉 ♪…表現

[10の姿（幼児期の終わりまでに育ってほしい姿）]
健…健康な心と体　自…自立心　協…協同性
道…道徳性・規範意識の芽生え　社…社会生活との関わり
思…思考力の芽生え　然…自然との関わり・生命尊重
数…数量や図形、標識や文字などへの関心・感覚
言…言葉による伝え合い　感…豊かな感性と表現

●CD-ROM → 📁 3歳児＿季節の文例集→p123＿11月の文例集

前月末の子どもの姿

- 運動会が終わっても、ダンスの振りつけを再現して楽しむ子どもの姿が見られた。
- 公園で拾ってきたどんぐりをブローチにしてほしいと保育者に伝える子どももいた。

養護のねらい

- 園での1日の過ごし方がわかり、見通しをもって行動できるように支援する。
- かぜをひきにくい体をつくるため、戸外で体をしっかり動かす活動を取り入れる。

健康・安全への配慮

- 体を動かすと暑くなるので、衣服の着脱による調整をするように促す。
- 外から帰ったときは、ていねいな手洗いとうがいを行うように言葉をかける。

ねらい

- ♥友だちとごっこ遊びを楽しむ。協道
- ▲園生活に必要なことがわかり自分から行う。道
- ♪みんなで一緒に活動することを楽しむ。感

内容

- ♥友だちと役割を交代しながら、ままごと、電車ごっこなどをして遊ぶ。協道
- ▲遊んだ遊具や玩具を元の場所に自分からきちんと片づける。道社
- ♪「もみじ」の歌を、保育者の振りつけをまねながらクラスの皆で歌うことを楽しむ。感

環境構成

- ままごと、電車ごっこ、お店やさんごっこなどの遊具を何セットか用意しておく。
- 遊具や玩具をしまう場所がわかりやすいように、箱に絵などを貼りつけておく。
- もみじをイメージできるように、図鑑や写真を用意しておく。

保育者との関わりと配慮事項

- 友だち同士でのやり取りを見守る。
- 自分からやろうとする気持ちを認め、できたときには大いにほめる。
- 皆で声や動きを合わせる楽しさが感じられるよう、保育者も振りつけながら歌うことを楽しむ。

職員との連携

- 室内の空気が乾燥してくるので、室内の温度・湿度の調節に注意することを確認する。
- インフルエンザと感染症の予防法や症状について全員で情報を共有し、対策を決めておく。

家庭・地域との連携

- 子どもが自分で脱ぎ着をして調節できる服を着せてもらえるようお願いする。
- 保育参観では子どもたちの4月との変化を保護者に伝え、成長を実感してもらえるようにする。

食育

- 食具やお手拭きを並べる手伝いをする。
- 食器は手でもち、ていねいに扱って食べる。

12月 月案・みかんぐみ　保育所

CD-ROM → 3歳児_月案
→ p124-p129_12月の月案（みかんぐみ）

12月　みかんぐみ　月案
担任：A先生

今月の保育のポイント

かぜが流行し始め、体調を崩す子どもが増えてきます。子どもは自分で体の変調を言葉にすることが難しいので、個々の顔色や様子に気を配って声をかけましょう。体調の悪さから不安になっている子どもには十分なスキンシップが必要です。

前月末の子どもの姿

- 盛り上がった遊びを「またやりたい」と自分から伝えてくる子どもが増えた。
- 他のクラスの子と気持ちが通じ合い、新しい友だちができた子もいた。

	ねらい	内容
【5領域】 健康✝ 人間関係♥ 環境♠ 言葉● 表現♪	✝寒さに負けず、元気に遊ぶことを楽しむ。健	✝季節の変化を感じながら、戸外遊びを自由に楽しむ。健 感
	♥友だちと一緒に手遊びや歌遊びを楽しむ。協	♥友だちや保育者と親密さを味わいながら、「むすんでひらいて」などで遊ぶ。協
	✝さまざまな動きをしてみようとする。健 自	✝室内でマット、フープ、ボールなどを使って体を動かして遊ぶ。健
	♠クリスマスに興味をもつ。社	♠クリスマスに期待感をもって、クリスマスの製作を楽しむ。社 感 思
	●自分なりに言葉で伝えることを楽しむ。言 協	●自分の経験したことや思っていることを友だちに話したり、友だちの話を聞いたりする。言 協
	♪楽器に興味をもち、音をだすことを楽しむ。感	♪クリスマスの曲のリズムに合わせて、楽器を鳴らす。感

職員との連携

- インフルエンザや感染症が発生した場合の対応、衛生管理についてマニュアルをつくる。
- クリスマスやお正月の飾りつけについて担当を決めて分担する。

家庭・地域との連携

- インフルエンザや感染症についておたよりで伝え、予防意識を高め合う。
- 帽子や手袋などの防寒具の着脱について、家庭でも練習してもらうよう伝える。

[10の姿（幼児期の終わりまでに育ってほしい姿）]
健…健康な心と体　自…自立心　協…協同性　道…道徳性・規範意識の芽生え　社…社会生活との関わり　思…思考力の芽生え
自然…自然との関わり・生命尊重　数…数量や図形、標識や文字などへの関心・感覚　言…言葉による伝え合い　感…豊かな感性と表現

12月 月案・保育所・みかんぐみ

養護のねらい
- 冬の生活の基本が身につくように手洗い・うがいの大切さを伝える。
- 自分の思いを友だちに安心して伝え、クラス内で共感し合えるような機会をつくる。

健康・安全への配慮
- 室内の空調、湿度管理に気をつけながら換気を行う。
- 個々の様子をよく見て、体調の変化に配慮する。
- 手洗いとうがいを習慣づけ、インフルエンザや感染症を予防する。

行事
- 作品展
- 身体測定
- 誕生会
- 避難訓練
- クリスマス会

環境構成	保育者の関わりと配慮事項
・戸外遊びをするときははじめに全員で体操やかけっこなどをして体を温めてから、遊ぶようにする。	・ポケットに手を入れているとけがの原因になること、衣服を調節することを伝える。
・保育者は子どもたちからよく見える位置に立ち、手の動きをしっかり伝える。	・皆で上手にできたときはハイタッチなどをして、互いをほめあうように促す。
・道具をサークル状に配置し、いろんな道具を使った遊びに挑戦できるようにする。	・安全な遊び方を伝え、子どもが楽しんで遊べるように見守り、必要に応じて援助する。
・イメージを形にする喜びを感じられるようキラキラしたシールやモール、折り紙などさまざまな素材を用意しておく。	・ツリーや壁面を子どもと一緒に飾りつけ、皆で楽しむ雰囲気を味わえるようにする。
・友だち同士で会話する場を設定する。	・保育者も参加し、必要に応じて代弁したり、話に共感したり、質問したりする。
・マラカスなど簡単な楽器をつくったりしながら、楽器の音の違いを楽しめるようにする。	・正しくリズムを鳴らすことよりも、楽器を身近に感じられる雰囲気づくりをする。

食育
- クリスマス会で、パーティーの雰囲気を感じながら食事を楽しむ。
- ままごと遊びのなかで、はしにふれる機会をつくる。

反省・評価のポイント
- 年末年始の行事に期待感をもち、興味が広がるような活動が展開できたか。
- 子どもの変調のサインに気づくことができたか。
- 友だちと関わることを楽しめるような環境を設定できたか。

12月 月案・れもんぐみ　保育所

CD-ROM → 3歳児_月案
→ p124-p129_12月の月案（れもんぐみ）

12月　れもんぐみ　月案
担任：B先生

今月の保育のポイント
寒くなると子どもの背中も丸まりがちです。子どものよきお手本として保育者は背筋を伸ばし、ポケットに手を入れて歩いたりすることのないように気をつけて。楽しい行事が多い年末年始のムードのなか、気を引き締めて行動しましょう。

前月末の子どもの姿
- 自分から好きな遊びをみつけ、友だちと一緒に楽しんでいる姿が見られた。
- 長い距離を歩いたり、走ったりする体力がついてきた子どももいた。

	ねらい	内容
【5領域】 健康✚ 人間関係♥ 環境▲ 言葉● 表現♪	✚清潔にする心地よさを感じる。健 ✚♥好きな遊びをみつけ、友だちと繰り返し楽しむ。健自 ✚寒さに負けず戸外で思いきり体を動かして遊ぶ。健 ▲クリスマスの行事に興味をもつ。社 ♪作品展に向け、紙粘土製作に楽しんで取り組む。感	✚自分で鼻水を拭いたり、鼻をかんだりしようとする。健自 ♥室内で落ち着いて好きな遊びをする。健自 ✚園庭を走ったり、ボール遊びをしたりすることを楽しむ。健 ▲絵本や紙芝居をとおして、クリスマスの行事について知る。社 ♪紙粘土で好きなものをつくり、絵の具で色を塗る。感思

職員との連携
- インフルエンザや感染症が発生した場合の対応、消毒の方法などを確認する。
- 園庭の使用時間を他クラスと調整しておく。
- 空調、湿度管理の方法について意思統一をしておく。

家庭・地域との連携
- 保護者に感染症にかかっている家族の有無を聞き、予防に努める意識を共有する。
- 作品展やクリスマス会について伝え、参加を募る。
- 冬休みの過ごし方、注意点についておたよりで伝えておく。

[10の姿（幼児期の終わりまでに育ってほしい姿）]
健…健康な心と体　自…自立心　協…協同性　道…道徳性・規範意識の芽生え　社…社会生活との関わり　思…思考力の芽生え
然…自然との関わり・生命尊重　数…数量や図形、標識や文字などへの関心・感覚　言…言葉による伝え合い　感…豊かな感性と表現

12月 月案・保育所・れもんぐみ

養護のねらい
- ていねいな手洗い・うがいを習慣づけられるよう配慮する。
- 安心して、自分の思いや考えを伝えられるよう援助していく。

健康・安全への配慮
- 活動に応じて衣服を調節できるように気を配る。
- 寒くなり体調を崩しやすい季節なので、子ども一人ひとりの様子に留意する。
- 天気のよい日には毛布やぬいぐるみなどを干し、清潔を心がける。

行事
- 作品展
- 身体測定
- 誕生会
- 避難訓練
- クリスマス会

環境構成	保育者の関わりと配慮事項
●必要なときにティッシュを使えるよう、置き場所を決め、子どもたちにも伝えておく。	●鼻をかむのが苦手な子もいるが、繰り返しコツを伝え、ほめながらやる気につなげていく。
●パズルやブロック、ままごとなど、自分の好きな遊びができるように玩具を配置する。	●遊びをみつけられない子、仲間に入りたそうにしている子に寄り添い、適切に援助する。
●活動の最初にスキップやジャンプなどをして、体を温める。	●動くと体が温まること、活動の途中で適切に衣服を調節することを伝えていく。
●クリスマスの曲を流して、雰囲気を盛り上げる。	●クリスマスソングを歌うなどして、クリスマス会を皆で楽しみにできるようにする。
●子どもたちが自分のイメージを表現できるよう必要な材料を十分な数用意する。	●製作がすすまない子には無理強いせず、保育者がていねいに関わることで興味を引き出していく。

食育
- クリスマスの飾りつけをしたテーブルで食べる楽しみを感じる。
- ままごと遊びのときに、はしを遊びのなかに取り入れる。

反省・評価のポイント
- 寒さに負けず、活動的に過ごせるよう援助できたか。
- 細かな体調の変化に気づくことができたか。
- 製作や室内遊びに対して、集中して遊びこめる環境を設定できたか。

12月 月案・こあらぐみ

幼稚園・認定こども園

CD-ROM → 3歳児_月案
→ p124-p129_12月の月案（こあらぐみ）

12月　こあらぐみ　月案

担任：C先生

今月の保育のポイント

気温が低くなり、かぜやインフルエンザにかかる子どもが増える時期です。自分で体調の変化を敏感に感じたり、保育者に伝えることが難しかったりする年齢ですので、保育者が一人ひとりによく目配りすることが大切です。年末年始の行事を、皆で元気に楽しめるようにしましょう。

前月末の子どもの姿

- 覚えた歌や手遊びを、好きな友だち同士で楽しんでいた。
- 遊びのなかでけんかや言い合いも見られるが、保育者が仲裁をしたあとは気持ちの切り替えができていた。

	第1週	第2週
ねらい	♥✚友だちの動きを見ながら自分なりに動いて遊ぶ。健 ♣クリスマスの行事を知り、期待感をもって過ごす。然	♣♥●♪自分のしたい遊びをしたり、一緒にいたい友だちと関わって遊んだりすることを楽しむ。協言感 ●♥保育者や友だちに自分の思いを言葉で伝えようとする。言
内容	♥♣✚簡単なルールやイメージに沿って遊ぶことを楽しむ。健協 ♣♪イメージをもってクリスマスの飾りをつくる。感	♣♥♪友だちと同じものを身につけて、同じように動く楽しさを感じる。協感 ●♥やりたいこと、気づいたこと、困ったことを保育者に仲立ちしてもらい友だちに伝えようとする。言
環境構成	・誰もがルールがわかり、自分の動きを出せるような遊び（むっくりくまさんなど）を用意する。 ・クリスマスの絵本や紙芝居、色紙、折り紙、まつぼっくりなど素材を用意しておく。	・友だちと同じ動きを楽しめるような遊びや身に着けるもの（お面、エプロン、マントなど）を用意しておく。 ・自分の気持ちを安心して伝えられるようゆったりと関わる。
保育者の援助	・友だちの動きに気づけるよう保育者が言葉で知らせる。 ・子どもたちがつくったものを壁面に飾り、行事の気分が盛り上がるようにする。	・保育者も一緒に動いて遊び、友だちと関わって遊ぶ楽しさに共感する。 ・必要に応じて言葉を補ったり、一緒に言ったりしながら思いの表し方を知っていけるようにする。

職員との連携

- 園全体でお楽しみ会の準備をする。
- インフルエンザなど感染症にかかった子どもについて、情報を共有する。
- 室内外の温度や湿度調整、換気について意思統一をしておく。

家庭・地域との連携

- お楽しみ会の内容についておたよりで知らせる。
- 戸外で遊ぶときに厚着になりすぎないよう、調整しやすい衣服での登園をお願いする。

〔5領域〕 ✚…健康 ♥…人間関係 ▲…環境 💬…言葉 ♪…表現

〔10の姿（幼児期の終わりまでに育ってほしい姿）〕
㉱…健康な心と体　㉲…自立心　㉳…協同性　㉴…道徳性・規範意識の芽生え　㉵…社会生活との関わり　㉶…思考力の芽生え
㉷…自然との関わり・生命尊重　㉸…数量や図形、標識や文字などへの関心・感覚　㉹…言葉による伝え合い　㉺…豊かな感性と表現

🎯 月のねらい

- ✚ 寒い時期の生活のしかたを知り、健康に気をつけて過ごす。㉱㉲
- ▲ 季節の行事に関心をもち、参加することを楽しむ。㉷
- ♥✚ 友だちと一緒に、体を動かして元気に遊ぶ。㉱㉳

🎂 行事

- 身体測定
- 誕生会
- お楽しみ会
- 終業式

12月　月案・幼稚園・認定こども園

第3週	第4週
▲♥💬♪ 自分のしたい遊びをしたり、一緒にいたい友だちと関わって遊んだりすることを楽しむ。㉳㉹㉺ ✚ 自分で帽子や手袋、上着の着脱をしようとする。㉱	冬休み（幼稚園）
▲ 友だちと体を動かして遊んだり、いろいろなイメージで動く経験をしたりする。 ✚ 室内に入ったら上着などを自分で脱ごうとする。㉷	
😊 のびのびと体を動かしたり、皆と一緒に動いたりできるようスペースを確保する。 ● 脱いだ上着、帽子や手袋など身に着けるものが多いので、所定の場所に収めやすくしておく。	
● 遊びに誘ったり一緒に遊んだりしながら子どもたちの楽しい気持ちに共感する。 ● 「上着をしまう場所はどこだったかな？」などと言葉がけし、自分から探せるように援助する。	

🍴 食育

- クリスマスに関する料理をみんなで楽しみながら味わう。
- 絵本などで、おもちがどうやってつくられるかについて知る。

✓ 反省・評価のポイント

- 気温などの変動で体調の悪そうな子どもに目を配ることができたか。
- 季節の行事を皆で過ごす楽しさを伝えることができたか。
- 友だちと関わりながら、元気に集団遊びができたか。

12月 週案・みかんぐみ　保育所

CD-ROM → 3歳児_週案→p130-p131_12月の週案

クリスマス会

12月　みかんぐみ　週案
担任：A先生

予想される子どもの姿
- クリスマスやお正月を楽しみにし、自分の知っていることを話そうとする。
- 体調がすぐれないとき、言葉で伝えられずに保育者に甘えることもある。

	12月○日（月）	12月○日（火）	12月○日（水）
活動予定	室内遊び（マット運動、フープ、ボール遊び）	室内遊び（クリスマス会の準備）	室内遊び（クリスマス会に向けた製作）
内容	✚室内でマットやフープ、ボールを使った運動遊びを楽しむ。健	♣💬絵本などでクリスマスの物語を楽しむ。社 ♪クリスマス会に向けて、「ジングルベル」の歌や楽器演奏を練習する。感	♪クリスマス会の飾りを製作し、ツリーを飾ることを楽しむ。感
環境構成	●子どもたち全員に目が行き届くように保育者を配置する。 ●フープとボールは子どもが自分で片づけられるよう、しまう場所をわかりやすく示しておく。	●クリスマスに興味がもてるよう、クリスマスに関する絵本やパネルシアターを用意しておく。 ●全員で演奏を楽しめるよう、すずやカスタネットを用意する。	●自分なりのイメージで飾りの製作に取り組めるよう色紙、わた、モールなどさまざまな素材を用意しておく。
保育者の配慮	●けがのないように遊び方や注意点をしっかりと伝えておく。 ●保育者や友だちの姿を見て、体の使い方を覚えていくように促す。	●サンタクロース、トナカイ、くつしたなど、クリスマスに関連する話を伝え、クリスマス会への期待感を高めていく。	●製作したクリスマス飾りを子どもと一緒に室内やツリーへ飾りつける。

※金曜日のクリスマス会に向けて、さまざまな準備を行います。

[5領域] ✚…健康 ♥…人間関係 🌲…環境 💬…言葉 ♪…表現

[10の姿（幼児期の終わりまでに育ってほしい姿）]
健…健康な心と体　自…自立心　協…協同性　道…道徳性・規範意識の芽生え　社…社会生活との関わり　思…思考力の芽生え
然…自然との関わり・生命尊重　数…数量や図形、標識や文字などへの関心・感覚　言…言葉による伝え合い　感…豊かな感性と表現

🎯 ねらい

- 🌲 クリスマスやお正月の行事に関心をもつ。社
- ✚ 身のまわりのものを整とんしようとする。自
- ♪ 自分なりに表現することを楽しむ。感

✅ 振り返り

自分の気持ちを言葉にし、保育者に伝えられるようになってきたが、体調不良を自覚して伝えられる子どもは少ないので、一人ひとりの様子を引き続き注視していきたい。

12月　週案・保育所・みかんぐみ

	12月○日（木）	12月○日（金）	12月○日（土）
	園庭遊び（鬼ごっこ、なわとび、ドッジボール）	クリスマス会	異年齢保育 室内遊び
	✚寒さに負けず外で（園庭で）体を動かして遊ぶ。健 💬天気のよい日は寒くても外で体を動かすようにしましょう。	🌲クリスマス会に楽しんで参加する。社 🌲✚クリスマスメニューの給食を食べることを楽しむ。社健	🌲お正月の伝統遊びに親しむ。社 💬クリスマスのあとはお正月。異年齢のグループで楽しめる遊びを取り入れましょう。
	●なわとび、ボールなどを用意する。 ●体調がすぐれない子どものために、室内遊びもできるようにしておく。	●保育者がサンタクロースになって、子どもたちがクリスマスの雰囲気を楽しめるようにする。 ●飾りつけをしたテーブルで特別な会食の雰囲気を味わえるよう演出する。	●コマ回し、凧、羽根つきなどを用意し、好きなものを選べるようにする。
	●保育者が率先して背筋を伸ばし、寒くても元気に遊ぶ姿を見せる。	●劇遊びや歌を楽しみ、皆で過ごすうれしさを言葉にして伝える。	●保育者も参加し、さまざまな遊びに挑戦できるようにする。 ●遊んだあとは、皆で片づけをするよう声かけする。

12月の遊びと環境

その① クリスマスツリーの小物入れ

用意するもの 紙コップ、絵の具、色紙、丸や星形のシールなど

活動の内容
- クリスマスの行事に興味をもつ。
- 自分なりの表現を楽しむ。

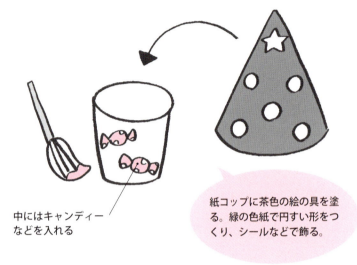

中にはキャンディーなどを入れる

紙コップに茶色の絵の具を塗る。緑の色紙で円すい形をつくり、シールなどで飾る。

アレンジして……

サンタクロースの小物入れもつくってみよう。

赤／赤／わた

その② はし遊び

用意するもの はし、毛糸など

活動の内容
- はしを使うことに興味をもつ。
- 遊びをとおしてはしの使い方を知る。

大きい紙皿に短く切った毛糸を入れ、はしでつかんでそれぞれの皿に移す。

上手になったら……

プラスチックのおはじき、切ったストロー、豆などをはしで移動させる。

12月の文例集

● CD-ROM → 📁 3歳児_季節の文例集→p133_12月の文例集

【5領域】 ✚…健康 ♥…人間関係 🌲…環境 💬…言葉 ♪…表現
【10の姿（幼児期の終わりまでに育ってほしい姿）】
健…健康な心と体　自…自立心　協…協同性
道…道徳性・規範意識の芽生え　社…社会生活との関わり
思…思考力の芽生え　然…自然との関わり・生命尊重
数…数量や図形、標識や文字などへの関心・感覚
言…言葉による伝え合い　感…豊かな感性と表現

前月末の子どもの姿

- 友だちと一緒にさまざまなごっこ遊びを楽しんでいる姿が見られた。
- 気温に合わせて、自分で服を脱いだり着たりする子どもが増えてきた。

養護のねらい

- 落ち着いた気持ちで、1日を楽しく過ごせるように活動を設定する。
- マフラーや手袋などの防寒具を正しく身につけられるよう声かけする。

健康・安全への配慮

- 手洗い場の美化と清潔を心がけ、うがいや手洗いが気持ちよくできるようにしておく。
- 感染症予防のため、室内では湿度の確保に留意する。

ねらい

- ✚清潔を保つことの大切さを知り、自分でできることを行う。健
- ✚寒くても戸外で体を思いきり動かして遊ぶ。健
- 🌲♪クリスマスの行事に興味をもつ。然 感

内容

- ✚正しい手の洗い方を知り、すすんで行う。健
- ✚鬼ごっこ、しっぽとりなど、簡単なルールのある遊びを友だちと楽しむ。健 協
- 🌲♪クリスマスのリースやツリーづくりをとおして、行事に関わることを楽しむ。然 感

環境構成

- ハンドソープ、清潔なタオルを用意しておく。
- しっぽとりのしっぽを用意しておく。
- 製作中はクリスマスソングを流し、雰囲気を演出する。

保育者との関わりと配慮事項

- 一人ひとり上手に手を洗えているかどうかを確認し、正しい洗い方が習慣になるように励ます。
- 体を動かす遊びの前にはしっかり準備運動をするようにする。
- 製作物が完成したらやりとげたことをほめ、保育者も一緒に飾りつけを行う。

職員との連携

- 調理員とクリスマスの献立を相談し、テーブルもそれに合わせた飾りつけをする。
- お正月の「餅つき」の準備について職員全体で相談し、年明けに備える。

家庭・地域との連携

- 子どもたちが正しい手洗い方法を身につけられるよう家庭に協力をお願いし、家にも貼れる手洗いポスターを配布する。
- 年末年始の園の予定を保護者に伝える。

食育

- 冬至の意味を知り、ユズとミカンを味わう。
- 食器の後片づけを手伝い、食事をつくってくれた人に感謝する。

1月 月案・みかんぐみ　保育所

● CD-ROM → 3歳児_月案
→ p134-p139_1月の月案（みかんぐみ）

1月　みかんぐみ　月案
担任：A先生

今月の保育のポイント
楽しかったクリスマスやお正月を振り返り、自分の経験を話したがったり、保育者や友だちに会えたうれしさを表現したりする姿が見られます。一人ひとりの子どもの気持ちを受け止めながら、皆で新しい年を迎えた喜びを伝えていきましょう。

前月末の子どもの姿
- 寒い日でも戸外で鬼ごっこやボール遊びなどをして元気に遊ぶ姿が見られた。
- 保育者にクリスマスやお正月の予定を楽しそうに話す姿が見られた。

	ねらい	内容
【5領域】 健康＋ 人間関係♥ 環境▲ 言葉● 表現♪	▲冬の自然に親しみ、関心をもつ。環 ＋♥友だちと一緒に戸外で元気に遊ぶ。健協 ＋▲伝統遊びにふれて楽しむ。環 ▲節分に興味をもつ。環社 ♪なりたいものになって自分なりの表現を楽しむ。言協 ♪歌に合わせて踊ることを楽しむ。感	▲霜柱や雪、氷の不思議に興味をもち実際にふれてみる。環 ＋皆でおしくらまんじゅうなど、体が温まる遊びをする。健協 ＋▲羽根つき、凧あげなどに興味をもち、友だちと一緒に楽しむ。環協 ▲豆まきの行事に備えて鬼のお面を製作する。環思社感 ●ヒーローごっこ、動物ごっこ、電車ごっこなど、自分の好きなものになりきって遊ぶことを楽しむ。言協自 ♪のびのびと体を動かして、歌に合わせた踊りを楽しむ。感

職員との連携
- 雪が降った場合、安全に遊べるプランを準備しておく。
- 伝統遊びの玩具を用意し、クラスごとに使用する日時を調整する。

家庭・地域との連携
- インフルエンザや感染症の状況を保護者に伝え、注意を喚起する。
- 雪が降った場合の遊びや活動について、必要なものをあらかじめ伝えておく。

[10の姿（幼児期の終わりまでに育ってほしい姿）]
健…健康な心と体　自…自立心　協…協同性　道…道徳性・規範意識の芽生え　社…社会生活との関わり　思…思考力の芽生え
自然…自然との関わり・生命尊重　数…数量や図形、標識や文字などへの関心・感覚　言…言葉による伝え合い　感…豊かな感性と表現

1月 月案・保育所・みかんぐみ

養護のねらい
- 冬の自然に親しみながら、元気に活動できるようにする。
- 子どもが自分の気持ちを言葉で友だちや保育者に伝えられるようサポートする。

健康・安全への配慮
- 火災を想定した避難訓練で、子どもの誘導のしかたを確認する。
- 感染症のもととなるティッシュなどのごみ処理、トイレの衛生管理に気を配る。
- 個々の観察を入念に行い、健やかに過ごせるようにする。

行事
- もちつき
- 身体測定
- 誕生会
- 避難訓練

環境構成	保育者の関わりと配慮事項
● 気温の下がる前夜に洗面器に水を張るなど、自然にできた氷にふれられるようにする。	● 子どもの発見や驚きに共感し、興味が深まるような言葉がけをする。
● 思わぬ方向に押されていく場合があるので、広いスペースをとって遊ぶようにする。	● 事故のないよう、活動前にかけっこなどをして十分に体を温めておく。
● 子どもたちが自分の好きな玩具で遊べるよう、数を十分に用意しておく。	● 保育者が伝統的な玩具の遊び方を見せ、試しながら子ども自身でできることを少しずつ広げていけるようにする。
● 自分なりのお面がつくれるよう毛糸、色紙、わたなどさまざまな素材を用意しておく。	● 鬼のお面を見て泣きだす子もいるので、紙芝居などで鬼は怖いだけではないことを伝える。
● ヒーローや動物の場合は、お面などを用意してその役に入り込みやすいようにする。	● 役になりきり、友だちとやりとりしながら遊べるように保育者も適宜参加する。
● 新しい曲も取り入れながら、リズムに乗って直感的に体を動かせるようにする。	● 恥ずかしがって体を動かせない子どもには、小さな動きから楽しむように誘っていく。

食育
- もちつきを体験し、もちがお米からできていることを知る。
- お正月の食べ物や七草がゆ、節分など行事食に興味をもつ。

反省・評価のポイント
- 寒い冬ならではの自然に興味をもてるような活動が展開できたか。
- 自分の思いを表現して、好きな遊びを十分に楽しめるような環境が設定できたか。
- 伝統遊びのおもしろさを伝えることができたか。

1月 月案・れもんぐみ　保育所

CD-ROM → 3歳児_月案
→ p134-p139_1月の月案（れもんぐみ）

1月　れもんぐみ　月案
担任：B先生

今月の保育のポイント
さまざまな経験を重ね、子どもからすすんで「これをやりたい」と発信することが増えてきます。子ども同士で楽しく遊んでいるときには必要以上に介入せずに見守りながら、遊びが発展していくヒントを適宜提案していきましょう。

前月末の子どもの姿
- クリスマスの飾りを積極的につくったり、クリスマスの歌を歌ったりして楽しむ姿が見られた。
- かぜぎみのために情緒不安定になり、身のまわりのことができず甘える子もいたが、体調の悪い子をいたわる子もいた。

【5領域】 健康✚ 人間関係♥ 環境▲ 言葉● 表現♪	ねらい	内容
	✚活動に応じて、衣服を自分で調節しようとする。 自 健	✚園庭と保育室の温度差に気づき、自分から上着を着脱しようとする。 自 健
	▲交通ルールに興味をもち、車に気をつけながら散歩を楽しむ。 道 健 社	▲散歩のとき、信号や車の有無の確認を保育者と一緒に行いながら歩く。 道 社
	♥友だちと簡単なルールのある遊びを楽しむ。 協 道	♥ルールを守ったり、友だちとルールを確認したりしながらだるまさんがころんだなどをして遊ぶ。 協 道
	✚先の予定を意識して行動しようとする。 健 思	✚食事の前にすすんで手洗いをしたり、午睡の準備を自分からしようとする。 自 健
	●自分の経験を話すことを楽しむ。 言	●クリスマスやお正月のことを思いだして、食事のときなどに保育者や友だちに話す。 言 協
	▲季節に関連する歌を楽しんで歌う。 感 然	▲「たこあげ」「ゆき」など、活動や季節にちなんだ歌を友だちと歌う。 感

職員との連携
- 病欠や早退などの情報をボードに書くなどして確実に共有する。
- 休み明けは特に子どもの様子に気を配り、気づいたことを報告し合う。

家庭・地域との連携
- 冬休みの体験について保護者から話を聞いておく。
- もちつきについて保護者や地域の方に伝え、参加や協力を募る。
- 登園後に体調が悪くなった際の対応や連絡について、改めて保護者に確認する。

〔10の姿（幼児期の終わりまでに育ってほしい姿）〕
健…健康な心と体　自…自立心　協…協同性　道…道徳性・規範意識の芽生え　社…社会生活との関わり　思…思考力の芽生え
然…自然との関わり・生命尊重　数…数量や図形、標識や文字などへの関心・感覚　言…言葉による伝え合い　感…豊かな感性と表現

1月 月案・保育所・れもんぐみ

養護のねらい
- 寒いなかでもたくさん体を動かし、健康に過ごせるようにする。
- 自分のことだけでなく友だちのすることに興味をもてるように言葉がけしていく。

健康・安全への配慮
- 手洗いやうがい、衣服の調節を自らできるように声かけする。
- 室内と戸外の気温差に留意し、快適に過ごせるようにする。
- 暖房器具を点検し、不備のないように気を配る。

行事
- もちつき
- 身体測定
- 誕生会
- 避難訓練

環境構成	保育者の関わりと配慮事項
・着脱を見守るときには、できないところだけさりげなく手伝うようにする。	・着脱をいやがる子には、保育者がやってみせて、自分でやろうとする気持ちを育てる。
・出発前に交通ルールを確認し、一人ひとりが意識できるようにしておく。	・おしゃべりに夢中になったり、よそ見をする子もいるので、危険のないよう十分に配慮する。
・遊びのルールについて、事前に確認する時間を設ける。	・友だちとルールを守って遊ぶことのおもしろさに気づけるような言葉がけをする。
・1日の予定を表（イラストや写真つき）にして掲示し、見通しがもてるようにする。	・子どもの気づきや行動を十分にほめ、成長を自分自身も意識できるようにしていく。
・一人ひとりが自分の経験を話せるような時間をとる。	・自分が話すだけでなく、友だちの話に興味をもって聞くことができるように援助していく。
・凧あげや雪遊びの活動の前後に歌うなどして、歌と実際の活動の結びつきに気づけるようにする。	・活動をしているときにも歌詞の一部分を紹介して、実際の活動とのつながりが感じられるよう援助していく。

食育
- もちつきを体験し、お米がもちになることを知る。
- いろいろなもちの食べ方を知り、皆で楽しんで食べる。

反省・評価のポイント
- 自分から衣服を着ようとする姿勢をほめたり、適切なタイミングでの着脱を促したりことができたか。
- 先の予定を見越して手洗いなどをする姿をほめ、その子の自信につなぐことができたか。

1月 月案・こあらぐみ

幼稚園・認定こども園

CD-ROM → 3歳児_月案
→ p134-p139_1月の月案（こあらぐみ）

1月　こあらぐみ　月案

担任：C先生

今月の保育のポイント

年末年始に家族や親戚と特別な時間を過ごし、園生活の過ごし方を忘れている子どももいます。徐々にペースを取り戻しながら、もうすぐ進級するという喜びを伝え、さまざまなことに積極的に挑戦していく意欲を喚起しましょう。一人ひとりの工夫や知恵を引き出す活動を心がけます。

前月末の子どもの姿

- 咳をするときに口に手を当てる様子が見られた。
- クリスマス会を楽しみにし、クリスマスの飾りを自分からつくりたがる子どもが多かった。

	第1週	第2週	
ねらい	冬休み（幼稚園）	✚園生活の流れを思い出し、自分のことは自分でしようとする。 ▲もちつきに楽しんで参加する。	
内容		✚身支度や片づけなど、自分でできることは自分で行おうとする。 ▲もちつきの様子を見たあと、つきたてのもちを食べ食感や味を楽しむ。	
環境構成		●子どもの実態や疲れ具合に配慮しながら自分でできるようそばで励ます。 ●安全にもちつきを見学できるよう、見る場所や決まりについて子どもたちと前もって確認しておく。	
保育者の援助		●自分からしようとしている姿を認め、自信がもてるようにする。 ●保育者がかけ声のしかたを伝えながら皆で声を出してもちつきを楽しめるようにする。	

職員との連携

- 子ども一人ひとりの健康状態に注意し、報告し合う。
- 手洗いやうがいを徹底し、かぜやインフルエンザの予防を心がける。

家庭・地域との連携

- 事前に保護者や地域の方にもちつきの日時を伝え、協力や参加を募る。
- 園で体験した伝統遊びを家でも楽しんでもらう。
- 雪が降った場合の遊びについてあらかじめ伝えておき、防寒着などの用意をお願いしておく。

［5領域］ ✚…健康　♥…人間関係　🌲…環境　💬…言葉　♪…表現

［10の姿（幼児期の終わりまでに育ってほしい姿）］
健…健康な心と体　自…自立心　協…協同性　道…道徳性・規範意識の芽生え　社…社会生活との関わり　思…思考力の芽生え
然…自然との関わり・生命尊重　数…数量や図形、標識や文字などへの関心・感覚　言…言葉による伝え合い　感…豊かな感性と表現

🎯 月のねらい

- 🌲 冬の自然にふれ、興味をもつ。 然
- 🌲 伝統的な正月遊びや新年の行事に親しみ、工夫しながら遊ぶ。 然
- ♪ 遊びや活動のなかで、自分なりのイメージを言葉や動きで表す。 感 言

🎂 行事

- 始業式
- 身体測定
- 誕生会
- もちつき

1月　月案・幼稚園・認定こども園

第3週	第4週
💬♪ 自分なりのイメージを言葉や動きで表現して遊ぶ。 感 言 感 🌲 季節の変化を体で感じ、興味をもつ。 然	💬♥♪ 友だちと同じ場で遊ぶなかで、自分の思いを伝えようとする。 感 協 言 ✚♪ 自分がつくった凧で遊ぶ楽しさを味わう。 健 感 思 然
♥💬♪ 自分のしたい遊びを繰り返し遊ぶ楽しさを感じる。 感 言 🌲 風の冷たさや植物の変化など冬の自然を体で感じたり、ふれたりすることを楽しむ。 然	💬♥ 一緒にいたい友だちと同じ場で過ごしたり、簡単な言葉のやりとりをして関わったりする楽しさを感じる。 協 言 ✚🌲♪ 自分だけの凧をつくり、出来上がったら凧あげを楽しむ。 感 思 然 健
● 身近な役で繰り返しのおもしろさを感じられるような表現遊びを準備しておく。 ● 劇遊びの衣装や小道具を用意しておく。 ● 冬に咲く花をみつけられるように事前に確認しておく。	● 凧は、ビニール袋にシールを貼るだけで完成するように準備しておく。 ● 凧遊びをする際は、十分なスペースを確保して行う。
● 自分なりに表現している姿を認め、満足感が得られるようにする。 ● 季節の変化を実感できるように、みつけたものを一緒に見る。	● 遊びのなかで必要な言葉を一緒に言ったり、言えるよう促したりする。 ● 凧遊びをする子どもがぶつからないよう場所や走る向きに留意する。

🍴 食育

- つきたてのおもちを、皆で食べることを楽しむ。
- もちつきをとおして食材に興味をもつ。

✅ 反省・評価のポイント

- 霜柱や雪、氷などに実際にふれる機会をつくれたか。
- 正月遊びや行事を楽しむことができるように導けたか。
- 子どもたちが思いついたことを具体的に言葉にできるような環境がつくれたか。

1月 週案・れもんぐみ 保育所

CD-ROM → 3歳児_週案 → p140-p141_1月の週案

お正月遊び

1月 れもんぐみ 週案
担任：B先生

予想される子どもの姿
- お正月休みに体験したことを積極的に保育者に話す。
- 戸外から帰ってきたときは、自分からすすんでうがいや手洗いをしようとする。

	1月○日（月）	1月○日（火）	1月○日（水）
活動予定	もちつき	室内遊び（カルタ、福笑い）	園庭遊び（だるまさんがころんだ、陣とり）
内容	▲✚もちつきを見学し、皆でもちを食べることを楽しむ。社健 1月前半の週は、お正月に関連する活動（もちつき、伝統的な遊び）を積極的に取り入れます。	▲カルタや福笑いなど、伝統的なお正月遊びに親しむ。数	✚だるまさんがころんだ、陣とりなど、簡単なルールのある遊びを楽しむ。健道
環境構成	・危険のない距離で、かけ声をかけながら見学できるように会場を整えておく。 ・しょうゆ、きな粉、あんこなどを用意する。	・カルタ、福笑いを用意する。 ・少人数グループに分け、全員が楽しめるようにする。	・最初に保育者がルールを説明したあと、子ども同士でルールを確認し合う時間を設ける。
保育者の配慮	・もちをのどにつまらせないよう、もちの大きさに気を配り、注意して見守る。 ・衛生面に気を配る。	・皆でカルタの言葉や数を繰り返し口にして、文字や数に興味がもてるようにしていく。	・遊んでいて暑くなったとき、再び寒くなったときなど、状態に応じて衣服を脱ぎ着できるよう留意する。

[5領域] ✚…健康 ♥…人間関係 🌲…環境 ●…言葉 ♪…表現

[10の姿（幼児期の終わりまでに育ってほしい姿）]
健…健康な心と体　自…自立心　協…協同性　道…道徳性・規範意識の芽生え　社…社会生活との関わり　思…思考力の芽生え
自…自然との関わり・生命尊重　数…数量や図形、標識や文字などへの関心・感覚　言…言葉による伝え合い　感…豊かな感性と表現

🎯 ねらい

- 🌲 日本の伝統文化にふれ、親しみをもつ。社
- ✚ 寒さに負けず、元気に体を動かして遊ぶ。健
- ♥ 友だちとやりとりしながら遊ぶことを楽しむ。協

☑ 振り返り

初めて見るもちつきに驚き、喜ぶ姿があった。ふだんは食の細い子もたくさん食べ、食べ物に興味を示していたので、今後は料理に挑戦する機会をつくっていきたい。

1月 週案・保育所・れもんぐみ

	1月○日（木）	1月○日（金）	1月○日（土）
	園庭遊び（コマ回し、凧あげ、羽根つき）	室内遊び（輪投げ、ボウリング）	異年齢保育 伝統的なお正月遊び
	🌲コマ回し、凧あげ、羽根つきなど、伝統的なお正月遊びに親しむ。社	✚保育室で輪投げやボウリングを楽しむ。健 道	♥🌲異年齢児と関わりながら、好きな伝統遊びを楽しむ。社 協　　　火曜日、木曜日に体験したお正月遊びを異年齢児と遊びます。
	●遊具の数を十分に用意し、全員が遊びたい遊具で遊べるようにする。 ●ぶつからないよう広いスペースを確保する。	●子どもの手でもちやすい大きさの輪や、ボウリングの玉を用意しておく。 ●順番を守って遊べるよう床にテープを貼り、並ぶ列がわかりやすいようにする。	●気に入った伝統遊びを選べるよう、カルタ、コマ、凧など複数の遊びを用意しておく。 ●年長児に遊び方を教えてもらえるような雰囲気づくりをする。
	●一緒に遊びに参加しながら、遊びのコツがつかめるように援助する。	●輪の投げ方や、ボウリングの玉の投げ方のコツを上手な子どもに聞いてほかの子どもに伝え、全員が楽しめるようにする。	●好きな遊びをとおしてお正月に興味をもつことができるような言葉かけをする。

1月の遊びと環境

その① くねくねへびとび

用意するもの なわ

慣れてきたら……

なわをたてに揺らす。

環境のポイント
天気がよい日は、寒くても戸外で遊びましょう。体を動かしているうちに温まってきます。

へびのようにくねくね揺らしたなわが前にきたら、なわに触らないようにとびこえる。

活動の内容
・体を動かして元気に遊ぶ。
・タイミングを合わせてジャンプする。

その② 動物ペープサート

用意するもの 色紙、クレヨン、油性ペン、のり

完成したら……

ペープサートを使って友だちと人形劇ごっこ。

丸く切った紙を貼り合わせ、好きな動物をつくる。保育者が後ろにわりばしを貼る。

わりばし

活動の内容
・好きな動物をイメージしてつくる。
・友だちとごっこ遊びを楽しむ。

1月の文例集

● CD-ROM → ■ 3歳児_季節の文例集→ p143_1月の文例集

【5領域】 ✚…健康 ♥…人間関係 🌲…環境 💬…言葉 ♪…表現
【10の姿（幼児期の終わりまでに育ってほしい姿）】
健…健康な心と体　自…自立心　協…協同性
道…道徳性・規範意識の芽生え　社…社会生活との関わり
思…思考力の芽生え　然…自然との関わり・生命尊重
数…数量や図形、標識や文字などへの関心・感覚
言…言葉による伝え合い　感…豊かな感性と表現

前月末の子どもの姿

- 次に何をするのかを考えながら行動するようになる子が増えてきた。
- お正月を楽しみにして、でかける場所を保育者や友だちに伝える様子が見られた。

養護のねらい

- 自分のしたいことや思いを言葉にできるように、一緒に口にだす。
- 室内の温度や湿度に気を配り、快適に過ごせるようにする。

健康・安全への配慮

- 天気のよいときはできるだけ外での活動を取り入れる。
- 朝や降園後など、時間を決めて室内の空気を入れ換え、インフルエンザや感染症の予防に努める。

ねらい

- 🌲♪お正月の遊びを楽しむ。感
- 💬♪経験したことを言葉で伝えようとする。言
- ♥友だちの気持ちをわかろうとする。道

内容

- 🌲♪福笑いやコマなどお正月の伝統的な遊びを楽しむ。感
- 💬♪冬休みに経験したことや楽しかったことを遊びのなかで保育者に話す。言感
- ♥友だちとの関わりのなかで、相手にも思いがあることに気づく。協

環境構成

- 手づくりの福笑いを準備しておく。
- 冬休みのことを思い出せるよう、お正月に関する絵本を用意し、皆で見る。
- 「○○ちゃんはどう思っているかな」などと声かけし、友だちの思いに気づけるようにする。

保育者との関わりと配慮事項

- 保育者が遊びのルールを伝え、一緒に遊ぶ。
- 絵本の読み聞かせのあと、自分のお正月はどうだったか、子どもたちから話を引き出す。
- 必要に応じてお互いの気持ちを代弁していく。

職員との連携

- 毎日の子どもたちの健康状態を全員で共有し、園全体で感染症対策に取り組むようにする。
- 2月に行う節分の役割分担を決め、衣装などの点検を行う。

家庭・地域との連携

- 年度末をひかえ、転居・転園などの予定があれば伝えてもらうよう、保護者にお願いする。
- インフルエンザや感染症対策として、登園について医師の判断が必要な事例を保護者に伝え、協力してもらう。

食育

- お正月ならではの食べ物に興味をもつ。
- 鏡開きの日にお汁粉を食べる理由を知り、皆で食べる。

1月 遊びと環境・文例集

2月 月案・みかんぐみ 保育所

CD-ROM → 3歳児_月案
→ p144-p149_2月の月案（みかんぐみ）

2月 みかんぐみ 月案
担任：A先生

今月の保育のポイント
いろいろな遊具、ルールのあるゲームを試そうとする姿勢が増えてきます。すぐに理解する子、わからなくてもやってみようとする子、思い通りにならないと泣いてしまう子など個人差はありますが、意欲を認めてほめていきましょう。

前月末の子どもの姿
- 上手に遊べている友だちのことを「すごい」とほめる姿があった。
- 節分の行事を楽しみにし、豆まきや鬼について尋ねてくる子どもがいた。

【5領域】
健康＋
人間関係♥
環境🔺
言葉●
表現♪

ねらい	内容
＋戸外で体を十分に動かして遊ぶ。健	＋ボール遊び、鬼ごっこなど、好きな遊びで友だちと自由に遊ぶ。健協
♥いろいろな友だちとふれあって遊ぶことを楽しむ。協	♥年長児と室内でカルタ、パズル、あやとり、折り紙などをして遊ぶ。協思
♪●劇遊びで自分なりに表現することを楽しむ。感言	♪●簡単なストーリーに沿って、自分なりに動いたりつもりになったりして楽しむ。感言
🔺節分の行事に親しみ、興味をもつ。感社	🔺節分の日に豆まきを皆ですることを楽しむ。社
♪身近な素材を使って製作遊びを楽しむ。感思	♪🔺おひなさまの製作を行い、自分でつくれた喜びを感じる。感思
●手遊びや伝承遊びを歌いながら楽しむ。言感	●皆で「ずいずいずっころばし」「花いちもんめ」「あぶくたった」などを歌うことを楽しむ。言感

職員との連携
- 異年齢児クラスとの交流時間をつくるにあたり、交流するクラスの担任と遊びのプランを検討する。
- 生活発表会の段取りや当日の担当について確認し合う。

家庭・地域との連携
- 生活発表会に向けた練習の様子を伝え、親子で当日を楽しみにできるようにする。
- 新年度に向け、家庭の環境などに変化はないか聞いておく。

[10の姿（幼児期の終わりまでに育ってほしい姿）]
健…健康な心と体　**自**…自立心　**協**…協同性　**道**…道徳性・規範意識の芽生え　**社**…社会生活との関わり　**思**…思考力の芽生え
自然…自然との関わり・生命尊重　**数**…数量や図形、標識や文字などへの関心・感覚　**言**…言葉による伝え合い　**感**…豊かな感性と表現

養護のねらい

- 寒さに負けず元気に遊び、健康な体を育む。
- 基本的な生活習慣が身につくよう、声かけしていく。

健康・安全への配慮

- 長期欠席していた子どもの病後の対応に留意する。
- 雪が降った際は転倒の危険がないよう、歩き方を伝える。
- 決まりを守って安全に遊べるようにしていく。

行事

- 節分（豆まき）
- 生活発表会
- 身体測定
- 誕生会
- 避難訓練

2月　月案・保育所・みかんぐみ

環境構成	保育者の関わりと配慮事項
●ボールは色や大きさが異なるものをいくつか用意しておく。	●好きな遊びを選ぶのが苦手な子どもには個別に声をかけ、誘いかけたり、一緒に遊んだりするようにする。
●年長児が3歳児クラスの子どもに遊びを教えられるよう、年長児が日頃から使っている玩具も用意しておく。	●親しみがもてるよう保育者が年長児の名前を紹介し、皆で「○○ちゃん」と名前を呼ぶことから始める。
●セリフの短い劇を準備し、皆で取り組むことを楽しめるようにする。	●衣装や小道具は保育者がつくり、劇を盛り上げるようにする。
●豆を鼻やのどにつまらせないよう気をつけて見守り、投げた豆を集める箱を用意しておく。	●節分の日の前に関連する絵本や紙芝居を皆で見て、行事への期待を高める。
●おひなさま製作の雰囲気に合う千代紙や和紙などを素材として用意しておく。	●ハサミの安全な使い方を伝え、常に危険がないように見守る。
●言葉のリズムのおもしろさを感じながら、元気よく声をだせるようにする。	●繰り返し遊んで覚え、言葉や遊びを自分のものにしていく喜びが感じられるようにする。

食育

- 皆で節分の豆を年の数だけ食べることを楽しみ、豆に関心をもつ。
- 豆でできた食べ物について、知っていることを話し合う。

反省・評価のポイント

- 年長児と関わる際、安心して楽しめるような配慮ができたか。
- 生活発表会に向けた活動を楽しみにできるような言葉がけができたか。

2月 月案・れもんぐみ　保育所

CD-ROM → 3歳児_月案
→ p144-p149_2月の月案（れもんぐみ）

2月　れもんぐみ　月案
担任：B先生

今月の保育のポイント

生活発表会に向けた劇や歌の練習、製作など取り組むことが多い時期です。子どもがあせることなく、楽しんでできる雰囲気を大事にしましょう。不安や緊張を強く感じる子どももいるので、ゆったりと常に笑顔を心がけます。

前月末の子どもの姿

- インフルエンザで長期欠席していた友だちが登園したのを喜ぶ様子が見られた。
- 帽子や手袋などの防寒具を自分で身につけようとする子どもがいた。

	ねらい	内容
【5領域】 健康＋ 人間関係♥ 環境🔺 言葉💬 表現♪	＋全身を十分に動かして遊ぶことを楽しむ。健 ♥生活発表会を楽しみにし、友だちと一緒に活動する。協 ♥いろいろな友だちとの関わりを楽しむ。協 🔺戸外で、春の日差しや植物の変化を感じる。然 🔺節分の行事を楽しむ。社	＋アスレチック、巧技台などを使って、寒さに負けず、体を動かして遊ぶ。健 ♥友だちと声を合わせて歌ったり、劇遊びで役になりきることを楽しむ。協 感 ♥いすとりゲームやドロケイなどの集団遊びをして、異年齢児とふれあう。協 🔺チューリップの芽や、日差しの暖かさの変化など冬から春への変化探しをする。然 🔺自分なりのイメージで節分の豆を入れるマス（箱）を製作する。社 感

職員との連携

- 行事の日に欠席する子どもが多いと予測される場合は順延またはフォロー策を検討する。
- 異年齢児と交流する環境の設定について、職員間で相談しておく。

家庭・地域との連携

- 生活発表会のプログラムや練習の様子を伝え、保護者にも楽しみにしてもらうようにする。
- 行事の日に欠席した場合の対応について伝え、子どもが無理をすることのないようにする。

[10の姿（幼児期の終わりまでに育ってほしい姿）]
健…健康な心と体　自…自立心　協…協同性　道…道徳性・規範意識の芽生え　社…社会生活との関わり　思…思考力の芽生え
自然…自然との関わり・生命尊重　数…数量や図形、標識や文字などへの関心・感覚　言…言葉による伝え合い　感…豊かな感性と表現

2月 月案・保育所・れもんぐみ

養護のねらい
- 子どもの体調に目を配り、インフルエンザなどの感染症の予防に努める。
- 異年齢児と関わり、進級への期待をもてるようにする。
- ルールを守り、集団で楽しく過ごせるようにしていく。

健康・安全への配慮
- 地域の感染症の流行状況を知り、予防と対策に生かす。
- 戸外から戻ったあとの手洗い、うがいを徹底する。
- タオルやコップなどを衛生的に管理する。

行事
- 節分（豆まき）
- 生活発表会
- 身体測定
- 誕生会
- 避難訓練

環境構成	保育者の関わりと配慮事項
●子ども全員に目が行き届くように保育者を配置する。	●順番を守ること、遊具の使い方をあらかじめ伝え、安全に楽しめるように配慮する。
●劇は全員が登場する脚本を保育者がつくり、保護者が自分の子どもの成長を感じられるものにする。	●恥ずかしがる子や緊張しがちな子どもには、保育者が見本を示してフォローしていく。
●はじめての遊びの最初はとまどいがちなので、手つなぎでスキンシップをはかるゲームを全員で行う時間をつくり、緊張をほぐす。	●活動の間の休憩時に、保育者が仲立ちしながら異年齢児との会話を促すようにする。
●花壇や公園などで、植物の変化がわかる場所を事前に確認しておく。	●日向と日陰の違いなどを実際に体感して、春の日差しの暖かさに気づけるようにする。
●節分をテーマにした絵本や紙芝居のほか、製作のための紙やクレヨンなどを用意する。	●「鬼は外、福は内」など、節分の行事をとおして言葉を獲得していくようにする。

食育
- 節分の日に年の数の豆を食べ、豆（大豆）に興味をもつ。
- 食器や食具を正しい持ち方で使う。

反省・評価のポイント
- 生活発表会では保護者に子どもたち一人ひとりの成長を見てもらうことができたか。
- 友だちと関わることが楽しいと思えるような環境を設定することができたか。

2月 月案・こあらぐみ

幼稚園・認定こども園

○ CD-ROM → 📁 3歳児_月案
　→ 📁 p144-p149_2月の月案（こあらぐみ）

2月　こあらぐみ　月案
担任：C先生

今月の保育のポイント

いよいよ翌月で年度の終わりを迎えます。一人ひとりの春からの歩み、成長したこと、がんばったことを少しずつ振り返り、保護者に具体的に伝えられるようにしておきます。年度末はさまざまな行事がありますが、子どもたちをせかすことのないよう余裕をもって行動することを意識しましょう。

前月末の子どもの姿
- 伝統遊びに熱中し、繰り返し取り組む子どもが多かった。
- 自分の好きな遊び、できるようになったことを保育者に言葉やしぐさで伝えようとしていた。

	第1週	第2週	
ねらい	♪さまざまな素材を使い、自分なりにつくったり表現したりすることを楽しむ。感 ✝活動に応じて、自分から衣服の調節を行う。健自	●♥保育者や友だちと思ったことを言ったり、簡単なやりとりをしたりしながら遊ぶことを楽しむ。感言 ✝♪声や動きで自分なりに表現することを楽しむ。感	
内容	♪遊びに使うものを自分なりにイメージをもってつくることを楽しむ。感 ✝衣服の調節のしかたがわかり、自分からすすんで行う。健自	●♥友だちと簡単な言葉のやりとりをして関わる楽しさを感じる。思言 ✝♪好きな動物の鳴き声や動作をまねて動物になりきり、自分なりに表現する楽しさを知る。感協	
環境構成	●さまざまな素材や用具を用意し、使いやすいよう整えておく。 ●できないところはさりげなく手伝い、自分でできた喜びを感じられるようにする。	●思いや言葉が友だちに伝わらないときには保育者が言い換えたり、復唱して伝える。 ●動物のでてくる絵本や図鑑を用意して、事前にそれらを見る時間をもつ。	
保育者の援助	●子ども一人ひとりの工夫を認め、表現する喜びが感じられるようにする。 ●保育者も気温差を感じたら、上着を着る・脱ぐなどして、子どもたちに見本を見せる。	●一人ひとりの思いに共感して、遊びの楽しさが十分に感じられるようにする。 ●身体表現に抵抗のある子どもには友達の動きを見るように伝えたり、保育者が一緒に動いたりする。	

職員との連携
- 節分に向けて大豆アレルギーの子どもへの対応を職員間で確認しておく。
- 年度の終わりを見据え、年間計画を見直して来年度に臨む。

家庭・地域との連携
- 園での豆まきの様子を伝え、家庭でも行事を楽しんでもらうようにする。また、大豆アレルギーの子どもの保護者に園の対応を説明する。
- 厚着になりすぎないよう子どもが着脱しやすい衣服を用意してもらう。

[5領域] ✚…健康 ♥…人間関係 🌲…環境 💬…言葉 ♪…表現

[10の姿（幼児期の終わりまでに育ってほしい姿）]
健…健康な心と体　自…自立心　協…協同性　道…道徳性・規範意識の芽生え　社…社会生活との関わり　思…思考力の芽生え
然…自然との関わり・生命尊重　数…数量や図形、標識や文字などへの関心・感覚　言…言葉による伝え合い　感…豊かな感性と表現

月のねらい

- ✚ 身のまわりのことをほとんど自分でやろうとする。自
- ♥ 遊びをとおして、いろいろな友だちと関わろうとする。協言
- 🌲♪ 自分なりにつくったり表現したりすることを楽しむ。感思

行事

- 豆まき
- 身体測定
- 誕生会
- 生活発表会

第3週	第4週
✚♥友だちと一緒にいろいろな動きをして遊ぶことを楽しむ。協道健 ✚♪音楽に合わせて体を動かすことを楽しむ。感健	🌲♪自分なりにイメージしたものをつくったり見立てたりして遊ぶ。感思 ✚♥行事をとおして異年齢児に親しみの気持ちをもつ。協健言
✚♥保育者や友だちがしていることを見て、興味をもったことを自分でもやってみようとする。協健 ✚♪リズムを感じとり、自分なりに体を動かす。感健	♪🌲遊びの場をつくったり、そのなかにいろいろな物を持ち込んだりして楽しむ。感思 ♥年中児、年長児の姿に驚いたり、憧れの気持ちをもったりする。協言
●友だちと少人数で関われるよう、さまざまな素材や遊具を多数用意する。 ●さまざまな動きを経験できるようアップテンポ、スローテンポなど、異なるタイプの曲を準備しておく。	●イメージを形にできるようさまざまな材料や用具を揃え、整えておく。
●子ども同士の関わりを見守りながら、必要に応じて保育者も遊びに参加する。 ●体を動かすことをためらう子どももいるので、保育者が率先して楽しむ様子を見せていく。	●一人ひとりのイメージを言葉で具体的に表し、共感していく。 ●人見知りをする子もいるので、保育者が異年齢児との橋渡しをし、安心して交流できるようにする。

食育

- 節分に食べる豆が大豆であることを知り、豆に関心をもつ。
- 食具をきちんともつ、食べているときはおしゃべりしないなど、マナーにも気を配るようにする。

反省・評価のポイント

- 子どもができるようになったことを認め、ほめることができたか。
- 年長児やいろいろな子どもとふれあう機会をつくることができたか。
- 子どもが自由な発想を形にする援助ができたか。

2月 週案・みかんぐみ　保育所

CD-ROM → 3歳児_週案 → p150-p151_2月の週案

生活発表会

2月　みかんぐみ　週案
担任：A先生

予想される子どもの姿
- 生活発表会を楽しみにし、積極的に活動する。
- 年長児の発表する劇に興味をもち、劇の中のセリフを言ってみる。

	2月○日（月）	2月○日（火）	2月○日（水）	
活動予定	室内遊び（劇遊び）	室内遊び（お絵描き）	室内遊び（歌、楽器演奏）	
内容	♪生活発表会に期待をもって劇遊びを楽しむ。感 土曜日の生活発表会に向け、月水金の3日を使って劇遊びや歌に取り組みます。	♪のびのびと自由に描くことを楽しむ。感	♪生活発表会に向けて「おもちゃのチャチャチャ」の歌を皆で歌うことを楽しむ。感	
環境構成	●並び順にセリフを言うなど、タイミングをつかみやすいよう配慮する。	●自分でお絵描きの用意ができるよう、クレヨンなどの画材をとりやすい場所に置いておく。 ●描き終わったら、何を描いたか発表する時間をもつようにする。	●「チャチャチャ」の部分に合わせて鳴らすためのすずとカスタネットを用意する。	
保育者の配慮	●恥ずかしがったりとまどったりする子どもに寄り添い、援助する。 ●子どもの自信につながる言葉がけを心がけ、本番に向けて気持ちを盛り上げていく。	●子どもたちから自分の描いた絵について話を聞き、それを認めて自信がもてるようにする。	●上手に演奏できたときには大いにほめ、自信がもてるようにする。	

[5領域] ✚…健康 ♥…人間関係 ▲…環境 ●…言葉 ♪…表現

[10の姿（幼児期の終わりまでに育ってほしい姿）]
健…健康な心と体　自…自立心　協…協同性　道…道徳性・規範意識の芽生え　社…社会生活との関わり　思…思考力の芽生え
自然…自然との関わり・生命尊重　数…数量や図形、標識や文字などへの関心・感覚　言…言葉による伝え合い　感…豊かな感性と表現

🎯 ねらい

▲ 生活発表会への期待を高め、楽しんで活動に取り組む。感
✚ 身のまわりのことをすすんでやろうとする。自
♥ 友だちと気持ちを合わせて表現を楽しむ。協

✅ 振り返り

歌や打楽器演奏の苦手な子どもも友だちが楽しそうに演奏する姿を見て、すずを振るようになった。友だちに刺激され「自分もああなりたい」と思えるような言葉がけをしていきたい。

2月　週案・保育所・みかんぐみ

	2月〇日（木）	2月〇日（金）	2月〇日（土）
	園庭遊び（集団遊び）	室内遊び（歌、劇遊び） 生活発表会のリハーサル	生活発表会
	✚♥おしくらまんじゅう、はないちもんめなどの集団遊びを楽しむ。健 協	♪衣装や小道具をつけ、生活発表会で披露する歌、劇のリハーサルを友だちと一緒に行う。感 いよいよ明日は発表会。皆で本番通りのリハーサルを行います。	♪友だちと舞台に上がることを楽しむ。感
	●遊びたいのに加われない子がいないか配慮し、全員が楽しく遊べるよう場の雰囲気をつくる。	●過度に緊張している子どもには、保育者が個別に対応する時間をとる。	●舞台の上を飾りつけ、子どもたちが発表することを楽しめるようにする。
	●集団遊びに気乗りがしない子どもには無理強いせず、個々に遊べるよう配慮する。 ●保育者も一緒に遊びながら皆と一緒に遊ぶと楽しいという気持ちに共感する。	●興奮や不安から体調を崩す子どもがいるので配慮する。	●当日やりとげたことをほめ、自信につなげる。 ●保護者に見てもらえた喜びに共感する。

2月の遊びと環境

その① ひな人形

用意するもの 紙皿、色紙、千代紙、のり、クレヨン、油性ペンなど

紙皿を半分に折り、おひなさまとおだいりさまの着物を描いたり千代紙を貼ったりする。顔をのりでつけて出来上がり。

おうぎ

しゃく

赤い紙や布を敷いた上に並べて飾りつける。

活動の内容
- ひなまつりの行事に親しみをもつ。
- 工夫してひな人形をつくることを楽しむ。

環境のポイント
ひなまつりの少し前から、できたひな人形を保育室に飾っておき、行事に興味がもてるような雰囲気づくりをしましょう。

その② 電車ごっこ

用意するもの なわ

お客さんは、駅でなわの電車に乗りこむ。途中で、電車を連結させて長くしていく。

おりまーす

環境のポイント
十分にスペースをとり、ぶつからないようによく見守りましょう。「11月その②小枝の道」で線路をつくっても楽しく遊べます。
→p.122

好きな駅で乗り降りしたり、進行方向を反対にしたりして遊ぶ。

出発しんこー
〇〇駅いき！

活動の内容
- 友だちと動きを合わせて楽しむ。
- 友だちと関わって遊ぶことを楽しむ。

2月の文例集

[5領域] ✚…健康 ♥…人間関係 ▲…環境 💬…言葉 ♪…表現

[10の姿（幼児期の終わりまでに育ってほしい姿）]
健…健康な心と体　自…自立心　協…協同性
道…道徳性・規範意識の芽生え　社…社会生活との関わり
思…思考力の芽生え　然…自然との関わり・生命尊重
数…数量や図形、標識や文字などへの関心・感覚
言…言葉による伝え合い　感…豊かな感性と表現

● CD-ROM → 📁 3歳児_季節の文例集→ p153_2月の文例集

前月末の子どもの姿

- もちつきを思い出し、「おいしかった」「また食べたい」と、楽しそうに話す子どもがいた。
- 冬の寒さを気にせず、友だちと元気に外遊びをする姿が見られた。

養護のねらい

- 進級に向けて生活リズムを整え、規則正しい生活を送れるようにする。
- 皆で遊べる外遊びを設定し、外遊びの楽しさを感じられるようにする。

健康・安全への配慮

- 咳をしている子どもにはマスクを着用するように伝え、他の子どもへの感染拡大に配慮する。
- 空気の乾燥に注意し、活動の途中でも水やお茶を飲めるようにしておく。

ねらい

- 💬したいことを保育者に言葉で伝える。自言
- ▲季節の行事に関心をもち、自分から積極的に関わろうとする。協道
- ▲♪冬の季節ならではの遊びを楽しむ。然感

内容

- 💬お茶や水が飲みたい、トイレに行きたいなどを自分から保育者に伝える。自言
- ▲節分の豆まきで、鬼を追い払うことに加わり、意欲的に楽しむ。協道
- ▲♪雪だるまをつくり、雪の感触を味わう。然感

環境構成

- 日ごろから、保育者に自分の気持ちを伝えられるような雰囲気をつくっておく。
- 鬼を追いかけているときに豆を踏んで転倒しないよう、保育者の配置に気を配る。
- 全員が雪にふれて遊べるように、雪を何か所かに分けておく。

保育者との関わりと配慮事項

- うまく伝えられないときはさりげなく代弁し、自分で言えたという満足感が得られるようにする。
- アレルギーの子どもに配慮し、安全に行事を楽しめるようにする。

職員との連携

- 現在の担任から新年度の担任に対して引き継ぐ事項を書類にまとめる。
- 翌日、降雪が予想されるときは、園前の雪かきなどの対応について決めておくようにする。

家庭・地域との連携

- 進級に備えて必要な事項について、余裕をもって保護者に連絡する。
- かぜや感染症にかかりやすい時期なので、無理をして登園しないように伝える。

食育

- 豆まきに関連して、大豆を使った料理を食べる。
- 食事を残さずに食べられるようになる。

3月 月案・みかんぐみ　保育所

CD-ROM → 3歳児_月案
→ p154-p159_3月の月案（みかんぐみ）

3月　みかんぐみ　月案

担任：A 先生

今月の保育のポイント

1年間のいろいろな経験を思いだし、話し合うことで子どもたちは自分自身の成長に気づくことができます。進級にプレッシャーを感じる子どもがいることに配慮しつつ、新年度への期待感をもてるようにしていきましょう。

前月末の子どもの姿

- はしを使う遊びをおもしろがり、食事でも試してみようとする子どもが数人いた。
- 生活発表会で劇をやりとげたことに、多くの子どもが達成感を味わっていた。

	ねらい	内容
【5領域】 健康 ✚ 人間関係 ♥ 環境 ★ 言葉 💬 表現 ♪	✚うがいや手洗いの大切さがわかり、自分から行おうとする。健 ♥友だちとのつながりを感じながら、遊びを楽しむ。協 ★学期や年度の終わりを知り、進級に期待感をもつ。自 ★ひなまつりの行事に親しむ。社 💬一緒に遊んだ卒園児に対して、感謝やお別れが悲しいなどの気持ちを抱く。言社 ♪音楽に合わせて体を動かすことを楽しむ。感	✚ていねいに洗う、きちんと手を拭くなど細部まで気をつかって手洗いをする。健 ♥皆で爆弾ゲームなどの集団遊びを楽しむ。協 ★進級後の教室で過ごすことに慣れる。自 ★ひなまつりの歌を歌ったり、ひなあられを食べたりして行事を楽しむ。社 感 💬お別れ会に向けて保育者と一緒に、気持ちをこめて歌を歌ったり、プレゼントを製作したりする。言社 ♪いろいろなリズムの音楽を聞き、雰囲気をつかんで自分なりに体を動かして遊ぶ。感 健

職員との連携

- 進級時の教室で過ごす予定を立て、各クラス同士で協力し合う。
- お別れ会の会場づくりなどの準備、進行などについて担当を決めておく。

家庭・地域との連携

- 1年間で成長したところ、課題としている点などをまとめ、保護者に伝える。
- 新年度に必要なもの、4月に予定していることを早めに伝えるようにする。

[10の姿（幼児期の終わりまでに育ってほしい姿）]
健…健康な心と体　自…自立心　協…協同性　道…道徳性・規範意識の芽生え　社…社会生活との関わり　思…思考力の芽生え
自然…自然との関わり・生命尊重　数…数量や図形、標識や文字などへの関心・感覚　言…言葉による伝え合い　感…豊かな感性と表現

3月 月案・保育所・みかんぐみ

養護のねらい
- 進級する喜びを感じ、意欲的に行動できるようにしていく。
- できたことを認め、自信をもてるようにする。
- 思いや言葉をいつでも受け止めてもらえる安心感のなかで過ごせるよう、ていねいに話を聞く。

健康・安全への配慮
- 季節の変わり目で寒暖差があるため、気温によって室温や子どもの衣服を適宜調節する。
- 子ども自身が健康を保持する意識をもてるように言葉をかけていく。
- 散歩の際、交通安全に気を配り間隔を守って歩けるようにする。

行事
- ひなまつり
- 身体測定
- お別れ会
- 誕生会
- 避難訓練

環境構成
- 手洗い場は清潔にし、花を飾るなどして、子どもたちが心地よく使えるようにしくおく。
- 保育者が実際に遊びを演じながら、遊びのルールを伝えていく。
- 進級後の教室で過ごす時間をもち、新しい環境に慣れるようにする。
- 2月に製作したひな人形を保育室に飾り、桃の花やひなあられなどを用意する。
- プレゼントの材料を準備しておく。
- テープを手にもってひらひらさせるなど、自由な表現ができる小道具を用意する。

保育者の関わりと配慮事項
- できるようになったことを認めてほめ、身のまわりのことを自分でする意識を高めていく。
- ルールを理解しきれていない子どもがいる場合には、個別に声をかけて楽しめるようにする。
- よく使う玩具や絵本などを用意し、慣れない環境でも安心できるように配慮する。
- 行事が終わったら、ひな人形を自宅に持ち帰り、家庭でも雰囲気を味わえるようにする。
- 「○○のとき楽しかったね」など、卒園生との思い出を具体的に伝え、感謝の気持ちがもてるようにする。
- 保育者が見本を見せ、子どもたちが自由にのびのびと楽しく体を動かせるようにする。

食育
- ひなまつり行事を楽しみ、ひなあられを皆で食べる。
- はしで食べてみようとする。

反省・評価のポイント
- 進級することを楽しみにし、自立心が高まるような言葉がけができたか。
- お別れ会の意味を理解し、卒園児に感謝の気持ちを伝えられるように導けたか。

3月 月案・れもんぐみ

保育所

◎ CD-ROM → ■ 3歳児_月案
→ ■ p154-p159_3月の月案（れもんぐみ）

3月　れもんぐみ　月案
担任：B先生

今月の保育のポイント

いよいよ年度の終わりを迎えます。この1年を振り返り、一人ひとりのがんばりを認め、子どもの意欲や自信につなげていきます。また保護者にも個々の成長をできるだけ具体的な言葉で伝え、喜びを共有していきましょう。

前月末の子どもの姿

- 生活発表会で披露した歌を気に入り、子ども同士で一緒に歌っている姿が見られた。
- 「もうすぐぶどうぐみさん！」など、進級への期待を口にする子どももいた。

【5領域】
健康 ✚
人間関係 ♥
環境 ▲
言葉 ●
表現 ♪

ねらい	内容
✚散歩時に歩く距離を長くし、体力をつけていく。健	✚目的を持ち、少し遠くの公園に歩いていく。健
♥友だちと一緒に、見立て遊びを楽しむ。協思	♥友だちと関わりながら段ボールを家や乗り物などに見立てて遊ぶ。協思
▲進級することに期待の気持ちをもって過ごす。自	▲進級時の教室で自分の好きな遊びをみつけて遊ぶ。自
▲ひなまつりの行事を楽しむ。社	▲ひなまつりの行事の成り立ちや由来を絵本や紙芝居を通して知り、行事を楽しみにする。社
●生活や遊びのなかで言葉のやりとりを楽しむ。言思	●思ったことを友だちに言ったり、相手から聞かれたことに応じて答えたりする。言思
♪お別れ会に向けて、感謝の気持ちを歌で表現する。感	♪卒園児を送る気持ちをこめながら、歌を歌う。感

職員との連携

- 進級時のクラスで過ごす予定を立て、各担任同士で確認し合う。
- お別れ会のプラン、段取りについて相談しスムーズに行えるようにする。
- 進級に向けて各クラスの環境、備品を整える。

家庭・地域との連携

- ひなまつりの製作物をもち帰るようにし、保護者と子どもの成長をともに喜ぶ。
- 進級にあたって必要なもの、新年度についての連絡事項をまとめて伝える。

［10の姿（幼児期の終わりまでに育ってほしい姿）］
健…健康な心と体　自…自立心　協…協同性　道…道徳性・規範意識の芽生え　社…社会生活との関わり　思…思考力の芽生え
然…自然との関わり・生命尊重　数…数量や図形、標識や文字などへの関心・感覚　言…言葉による伝え合い　感…豊かな感性と表現

3月 月案・保育所・れもんぐみ

養護のねらい
- 進級する喜びを感じ、意欲的に活動できるように成長した姿を認める。
- 友だちに共感したり、思いやりの気持ちをもてるように仲立ちする。

健康・安全への配慮
- 衣服の調節に気を配り、健康的に活動する。
- 不安や緊張を受け止め、情緒の安定を図る。
- 危険な遊び方によるけががないように気を配って見守る。

行事
- ひなまつり
- 身体測定
- お別れ会
- 誕生会
- 避難訓練

環境構成	保育者の関わりと配慮事項
●過ごしやすい気温の日に実施する。	●特別な遊具がある、桃の花を見るなど、遠くの公園に行くと楽しいと感じられるようにする。
●段ボールの他にも、子どものイメージがふくらむような玩具や素材を準備しておく。	●「それは何かな？」などと話しかけるなど、イメージがふくらむような言葉がけをする。
●進級時のトイレや洗面所の場所がわかるように、イラスト看板などをつくっておく。	●子どもに無理のないよう、少しずつ新しい環境で過ごす時間を増やすようにする。
●ひなまつりへの興味がわくよう、ひな人形をひなまつりの数日前から保育室に飾っておく。	●「ひなまつりって知ってる？」「どうして人形を飾るのかな？」など、子どもたちに質問しながら絵本を読んで伝える。
●それぞれが自分の思いを表せるような雰囲気づくりをする。	●言葉が足りないところは保育者が補いながら、やりとりのしかたを伝えていく。
●歌は候補をいくつか用意しておいたなかから、子どもたちが選べるようにする。	●卒園児を送ることが、「自分もいつかは！」という憧れや意欲につながるようにする。

食育
- ひなまつりをとおして、行事食に興味をもつ。
- 時間や量を意識しながら完食できるようにする。

反省・評価のポイント
- 4月の進級が楽しみになるような環境を設定できたか。
- 段ボール遊びのときは、イメージをふくらませたり友だちの気持ちを受け止めたりできるような言葉がけができたか。

3月 月案・こあらぐみ

幼稚園・認定こども園

◎ CD-ROM → ■ 3歳児_月案
→ ■ p154-p159_3月の月案（こあらぐみ）

3月　こあらぐみ　月案
担任：C先生

今月の保育のポイント

1年間が過ぎ、年度末の節目を迎えたことを子どもたちも実感できるように語りかけます。同じ保育室の仲間で楽しんだ遊びや行事の数々、そのなかでできるようになったことを話し、子ども一人ひとりが実感し、友だちと過ごす楽しさを感じられるようにしていきましょう。

前月末の子どもの姿

- 観察力が身につき、保育者や友だちのしていることをすぐに取り入れるようになった。
- 子ども同士で遊びを考えたり、話したりする姿が見られた。

	第1週	第2週
ねらい	●遊びのなかで、保育者や友だちに気づいたことや思ったことを言おうとする。言思 ▲ひなまつりの行事に親しむ。協社	♥●✝遊びのなかで友だちに気づいたことや思ったことを言おうとする。言 ♥行事をとおして年長児にお別れすることを知る。自道
内容	●保育者や友だちに思ったことを言ったり、簡単なやりとりをしたりして楽しむ。言思 ♪▲ひなまつりの行事に参加したり、ひなまつりの歌を歌ったりして楽しむ。協社感	♥●友だちと同じ場で遊ぶなかで、思っていることやしたいことを言葉や動きで表す。健言感 ♪●♥お別れ会で歌ったり、年長児へのプレゼントを製作したりするなかで、感謝の気持ちをもつ。自道思社
環境構成	●保育者がそばにつき、必要な言葉を一緒に言ったり、言えるよう促したりする。 ●ひなまつりに合わせて、桃の花などを生けておく。	●安心して自分の思いを伝えられる雰囲気をつくる。 ●年長児へのプレゼント製作として、絵やペンダントなどの材料を準備し、気持ちをこめて製作できるようにする。
保育者の援助	●やりとりに必要な言葉を保育者が伝えたり補足したりする。 ●家でも行事を楽しめるよう、製作したひな人形を、家庭に持ち帰れるようにする。	●それぞれが自分の思いを表して遊べるように、会話や関わり方に気を配る。 ●年長児は小学校に入学することを伝え、お別れ会の意味がわかるようにする。

職員との連携

- お別れ会の準備や配置について、担当を決める。
- 行事の内容や年間計画について振り返り、次年度につなげる。
- 新年度のための準備、引き継ぎを行う。

家庭・地域との連携

- 年度末の行事について、おたよりで知らせる。
- 新年度の体制、準備するものなどについて伝えておく。
- 1年間の子どもの変化を詳しく伝え、家庭でも成長を認め、ほめてもらうようにする。

[5領域] ✚…健康 ♥…人間関係 ▲…環境 ●…言葉 ♪…表現

[10の姿(幼児期の終わりまでに育ってほしい姿)]
健…健康な心と体 自…自立心 協…協同性 道…道徳性・規範意識の芽生え 社…社会生活との関わり 思…思考力の芽生え
自然…自然との関わり・生命尊重 数…数量や図形、標識や文字などへの関心・感覚 言…言葉による伝え合い 感…豊かな感性と表現

月のねらい

- ♪●♥ 自分の思いを出しながら保育者や友だちと遊びを楽しむ。協
- ♥▲ 年長、年中への憧れと進級する喜びをもち、新学期に期待感をもつ。自
- ▲ 春の訪れを感じ、元気に戸外で遊ぶ。自然

行事

- ひなまつり
- 身体測定
- 誕生会
- お別れ会
- 終業式
- 卒園式

3月 月案・幼稚園・認定こども園

第3週	第4週
♥● 遊びのなかで友だちの思いに気づく。言協 ✚▲ 進級を楽しみにし、自分でできることを増やす。自健	春休み(幼稚園)
♥● 自分の思いを出しながら、思い通りにならないことがあることや、相手にも思いがあることを知る。言協 ▲♥ 身支度や片づけなど身のまわりのことを自分でできるようになった喜びを感じる。自健 ● トラブルが起きたときには気持ちを引きずらないよう、気持ちを十分に聞き、受け止める。 ● 自分でやろうとする姿を見守り、できないところはさりげなく手伝う。	
● 双方の気持ちを受け止めたうえで相手にも違う思いがあることを伝える。 ● 身のまわりのことをがんばっている姿を励まし、できたときには十分認めていく。	

食育

- ひなあられ、ひしもちなどひなまつりの行事食に興味をもつ。
- 感謝の気持ちをもって食事できるようにする。

反省・評価のポイント

- 体調管理に配慮しながら、戸外活動ができたか。
- 友だち同士でのやりとりを見守りながら、適切に仲立ちすることができたか。
- 進級に不安を感じている子どもの気持ちに寄り添い、安心感を与えることができたか。

3月 週案・れもんぐみ 保育所

CD-ROM → 3歳児_週案→p160-p161_3月の週案

お別れ会

3月　れもんぐみ　週案
担任：B先生

予想される子どもの姿
- 季節の変わり目や環境の変化を感じ、落ち着かない様子になる子どももいる。
- 進級に期待感をもち、身のまわりのことを自分からすすんでしようとする。

	3月○日（月）	3月○日（火）	3月○日（水）	
活動予定	園周辺の散歩（公園散策）	4歳児クラス訪問 ※4歳児クラスを訪問することで進級への意識を高めます。	室内遊び（歌）	
内容	✝少し遠くの公園まで歩き、体力をつける。健	✝♠進級クラスで過ごすことに慣れる。自 健 ♥4歳児とのふれあいを楽しむ。協	♪卒園生を送る歌「みんなともだち」を歌うことを楽しむ。感	
環境構成	・散歩に行く前に、今日見たいものや皆で探したいものを伝えておき、期待感をもてるようにする。 ・交通ルールを意識して歩けるよう、事前に決まりを皆で言葉にして確認する。	・慣れた玩具や遊びを設定し、落ち着いて過ごせるようにする。	・卒園生と一緒にしたことや、すごいと思ったことなどを質問し、卒園生と過ごした時間を振り返る時間をつくる。	
保育者の配慮	・これから咲くつぼみなど、春の自然に気がつけるような声かけをする。	・4歳児とふれあって遊べるように仲立ちする。 ・玩具の片づけを4歳児とともに行うよう促す。	・何のために歌うのかをわかりやすく説明し、卒園生を送り出す気持ちがもてるようにする。	

[5領域] ✚…健康 ♥…人間関係 ▲…環境 ●…言葉 ♪…表現

[10の姿（幼児期の終わりまでに育ってほしい姿）]
健…健康な心と体 自…自立心 協…協同性 道…道徳性・規範意識の芽生え 社…社会生活との関わり 思…思考力の芽生え
然…自然との関わり・生命尊重 数…数量や図形、標識や文字などへの関心・感覚 言…言葉による伝え合い 感…豊かな感性と表現

🎯 ねらい

- ▲ お別れ会の意味を理解して参加する。社
- ♥ 進級する喜びを感じ、意欲的に活動する。自
- ▲ 春の自然にふれて楽しむ。然

☑ 振り返り

お別れ会が落ち着かないのか、いすを動かしたり他児にちょっかいをだす子がいた。卒園生との別れ、自分の進級など変化の多い時期なので、子どもたちの思いをしっかりと受け止めたい。

3月 週案・保育所・れもんぐみ

3月○日（木）	3月○日（金）	3月○日（土）
園庭遊び（かくれんぼ、ボール遊び、お花見ごっこ）	室内遊び（製作）	お別れ会
✚好きな遊びを園庭でのびのびと楽しむ。健 💬 お別れ会の準備（水曜日と金曜日）の間に園庭遊びを入れ、緊張感を解きほぐしましょう。	♪卒園児に贈るメダルやカードを自分なりに工夫しながら製作する。感 思	♥♪お別れ会に参加し、気持ちをこめて歌う。社 感
●暖かい気候の場合にはレジャーシートを用意し、座ってゆったりとしながら春を感じられるようにする。	●クレヨン、マジック、スタンプ、シールなどを用意し、卒園児への気持ちをこめて個々にアレンジできるようにする。	●今まで年長児に遊んでもらったことや一緒に過ごした思い出を伝え、心をこめて送り出せるような雰囲気をつくる。
●ルールや順番を守り、安全を意識できているか見守り、適切に声かけする。 ●春らしい日差し、花の自然の変化に気づけるよう言葉をかける。	●年長児が卒園することを伝え、感謝して送り出す気持ちがもてるようにする。	●体調を崩している子どもの様子に気を配る。 ●終わったあとによくできたことをほめ、進級する自覚につなげていく。

3月の遊びと環境

その① 段ボールハウス

用意するもの 大型の段ボール、色紙、のり、クレヨン、油性ペンなど

活動の内容
- 見立て遊びを楽しむ。
- 友だちと一緒の活動のなかで自分なりに表現する。

窓と入り口をつけた大型の段ボールを、グループで自由に飾りつけていく。

内側にはビニールカーテン

いらっしゃい

ハウスを使ってままごと遊び、ごっこ遊びを楽しむ。

小さな段ボールで車や電車などもつくる。

その② なんでも楽器

用意するもの ばち、割りばし、空き缶、ペットボトル、空き箱など

環境のポイント
自由に好きな楽器が選べるよう素材の種類や数を十分に用意しましょう。

活動の内容
- いろいろな音をみつけて鳴らしてみることを楽しむ。
- 音楽に合わせて友だちと音を合わせることを楽しむ。

空き缶、空き箱、ペットボトルなどをばちや手で叩き、いろいろな音をみつけます。

カンカン / ポン / ポン / ボボボン / コンコン

ペットボトルのギロ

強くたたいたり弱くたたいたりして遊び、慣れたら順番にリズミカルにたたいてみましょう。

3月の文例集

● CD-ROM → ■ 3歳児_季節の文例集→p163_3月の文例集

［5領域］ ✚…健康　♥…人間関係　🌲…環境　💬…言葉　♪…表現
［10の姿（幼児期の終わりまでに育ってほしい姿）］
健…健康な心と体　自…自立心　協…協同性
道…道徳性・規範意識の芽生え　社…社会生活との関わり
思…思考力の芽生え　然…自然との関わり・生命尊重
数…数量や図形、標識や文字などへの関心・感覚
言…言葉による伝え合い　感…豊かな感性と表現

前月末の子どもの姿

- 時間を意識しながら活動する姿が見られるようになった。
- 雪が降った日に、自分から園庭にでて遊ぼうとする子どもがいた。

養護のねらい

- １年間でできるようになったことを認め、自信がもてるようにする。
- 進級する喜びやとまどいを受け止めながら、毎日を意欲的に過ごせるようにしていく。

健康・安全への配慮

- 散歩のときには、歩道の端を２列で歩くように伝え、列の前後で見守るようにする。
- 戸外から室内に入ったら自分から手洗い場に行き、うがいと手洗いをするように習慣づける。

ねらい

- ✚進級に向けて、自分の身のまわりについてできることを増やす。自
- 💬進級することの喜びを感じて、言葉にする。言
- ♥年長児と仲よく一緒に遊ぶ。協

内容

- ✚着替え、排泄、手洗い、歯磨きなどをできるだけ一人でやるようにする。自
- 💬４月になったら何をしたいか、遊びのなかで言葉にする機会をもつ。言
- ♥年長児と一緒に、ブロックなどで遊ぶ。協

環境構成

- 必要に応じて手を貸せるよう、保育者がそばで見守るようにする。
- 「○○組になったら、何で遊びたい？」など進級へのイメージがもてるような問いかけをする。
- ブロックやボールなど、異年齢で一緒に遊べる遊具を準備しておく。

保育者との関わりと配慮事項

- 個人差に配慮し、できないことは保育者がさりげなく手伝う。
- 進級について前向きな気持ちがもてるよう、できるようになったことを伝える。
- 年長児に憧れるように、保育者はその場の雰囲気を見ながら仲介する。

職員との連携

- 年度末の行事の担当者をそれぞれに決めて、他の職員も協力していく。
- 異年齢が交流するときは、年齢ごとの目的を共有し、有意義な時間がもてるようにする。

家庭・地域との連携

- 園での生活と家庭での生活のつながりが大切であることを改めて伝え、協力をお願いする。
- 年度末にあたり、保護者が抱いている疑問や希望を聞きとり、園の運営に反映させていく。

食育

- 食事の配膳や後片づけを手伝う。
- 食事のマナーを守る。

3、4、5歳児の個別の指導計画

3、4、5歳児の個別の指導計画はいつ、どのようなときに立てるのでしょうか。

❶ 3、4、5歳児の個別の指導計画とは？

3、4、5歳児については、クラス単位で指導計画を立てますが、特に配慮が必要な子どもに対しては、それに加えて個別の指導計画を立てます。このことは、2008年の保育所保育指針の改定の際から定められ、現在の指針にもその内容が明記されています。

❷ どのようなメリットがあるの？

集団のなかで今その子がどのような状況なのか、配慮が必要な部分がどこかを知ることができます。また、支援が必要な子どもの保育には加配保育者※や栄養士、嘱託医などさまざまな職員が関わるので、職員間の共通理解をすすめるうえでも有効です。さらに、必要に応じて保護者にも計画を見てもらうことで、保護者とも連携しながら支援をすすめることができます。

立案のメリット
① 配慮が必要な子どもの状況がわかり、適切な配慮や支援を行うことができる
② 職員間の共通理解が深まる
③ 保護者と現在の状況や支援方針を共有できる

❸ どんな種類があるの？

▼ 指導記録 → 167、171ページ

どんな記録？
指導記録とは、子どもの現状を記録するものです。基本的生活習慣、運動、遊びなど、項目別に子どもの現在の状況を記録していきます。関係機関とつながっている場合にはその旨も記載します。目標を立て、適切な支援を行うための現状整理を目的として作成されます。

いつ立てるの？
何らかの障がいがあるとわかっている場合には、その子の担任になった時点で作成します。途中から気になる点が出てきた場合にはその時点で作成します。

誰が作成するの？
担任の保育者が中心となりますが、加配保育者やフリーの保育者など、その子に関わる保育者や、嘱託医などの職員にも見てもらう必要があります。現状を知るために、新入園児の場合は保護者から、進級児の場合には保護者や前年度の担任から情報収集しましょう。

ポイント
負担が大きくならないように、「とりあえず書いてみる」というような気持ちを大切にして書いてみましょう。配慮が必要な子の場合、どうしてもできないことに目がいきがちですが、長所や成長した部分、好きなものや興味があることにも気づけるようにしましょう。

※加配保育者：障がいのある子どもを専門に担当する保育者のこと。

⬇ 個別の年間計画 → 168、172ページ

どんな記録？
個別の年間計画は、長期の個別指導計画です。年間目標を決めて、それを達成するための期ごとの目標や援助、家庭との連携について記載します。クラスの指導計画ともひもづけながら、その子だけの指導計画を立てます。

誰が作成するの？
作成するのは担任ですが、初任者の場合には先輩や主任に相談するとよいでしょう。また、加配保育者やフリーの保育者との連携も不可欠です。

いつ立てるの？
何らかの障がいがあるとわかっている場合には、年度の初め、5月の連休ごろを目安に作成します。途中から気になる点が出てきたときには気づいた時点で、職員間で確認をしながら作成しましょう。

ポイント
目標を達成するためには、その子の好きなことや興味があることをうまく活用することが大切です。好きなことを把握しながら計画を立てましょう。

⬇ 個別の短期指導計画 → 169、173ページ

どんな記録？
1～2週間といった短いスパンで達成できるような目標を立てるための指導計画です。現時点では年間計画を立てる必要性がないと判断できる場合には、ひとまず短期指導計画を作成して支援をはじめましょう。

誰が作成するの？
担任の保育者が中心となって作成します。

いつ立てるの？
気になる点が出てきたとき、計画作成の必要が出てきたときにすぐ作成します。障がいの有無にかかわらず必要があれば不十分でもまずは作成してみて、その子の課題や配慮すべき点が解決され、作成の必要性がなくなったとしたら作成することをやめてしまって構いません。

ポイント
短期指導計画の項目はその子ごとに、具体的に設定します。1～2週間で達成できるものを立てて、達成できたら次の目標を立てましょう。もし達成できなかったら目標がその子にとってまだ難しいものだったか、保育者の支援が適切でなかったのかなど、その原因を検討しましょう。

配慮が必要なことがわかっているときのポイント
- **ポイント①** 入園時には、保護者が行っているその子への関わり方を聞く
- **ポイント②** 支援機関と連携し、目標を共有する
- **ポイント③** 保護者や支援機関と情報共有を密にしながら支援をすすめていく

入園後に気になる点が出てきたときのポイント
- **ポイント①** 障がいの有無にかかわらず、必要と感じたら、不十分でもまずは計画や記録を作成してみる
- **ポイント②** その子の様子をよく観察する
- **ポイント③** 何らかの障がいの可能性が考えられる場合は保護者に日々の様子をていねいに伝え、家庭での困りごとを聞いてみる

Dちゃんの個別指導計画
（入園時に配慮が必要なことがわかっているとき）

氏名：D
生年月日：20○○年○月■日（3歳●か月）

入園時の様子
- 登園時保護者と別れるときに泣く様子が見られたが、保育者との信頼関係が深まるとともに、泣くことは減ってきている。
- 1日をとおして、保育者のそばから離れることは少ない。
- 自分の思い通りにならないことがあると、かんだりひっかいたりして思いを伝えようとする。

専門機関とのつながり
地域の保健センターに月に2回通い、作業療法＊と言語療法＊を受けている。

家族：父、母、兄（小学1年生）
兄も同じ園に通っていたため、園との信頼関係はある。一方で、発語がなく、かみついたりする行動について、母親は友だちに迷惑をかけていないかを心配している。

保育者の願い
- 排泄、食事、着替えなど身のまわりのことを自分でできるようにしたい。
- まわりに意思表示ができるように援助していきたい。
- 指示を聞いて集団行動できるよう、援助していきたい。

＊作業療法：障がいがある人に対し、日常生活の動作や社会適応のための能力の回復や維持を目指し、治療を行うこと。
＊言語療法：言語の障がいや、声や発音の障がい、食べる機能の障がいについてリハビリテーションを行うこと。

指導記録

● CD-ROM → ■ 3歳児_個人案 → ■ p167-169_Dちゃん（指導記録）

作成日　20○○年5月○日

氏名	D	生年月日	○○年○月■日 （3歳●か月）
入園時期	3歳児クラスに4月から入園	3歳児	みかんぐみ

基本的生活習慣	● 登園すると保育者から離れようとしない。 ● お弁当では右手でスプーンをにぎることができる。 ● おむつが外れていないが、保育者に連れられて便座に座ることができる。数回に1回はそのまま小便をすることもある。
運動	● 粗大運動*：高いところに興味があり、ジャングルジムに上ろうとする。 ● 微細運動*：クレヨンをにぎり、画用紙になぐり描きができる。
遊び	● 音楽に興味があり、幼児向け番組の曲が好きで、音楽を流すと喜んで体を動かす。 ● 園庭で遊ぶことが好きで、活発に動きまわる。
コミュニケーション	● 単語としての発語はないが、「あー」「うー」などの声を出すことができる。 ● 楽しいときには笑顔を見せ、近くにいる大人に抱っこを求める。
対人関係	● 友だちに名前を呼ばれると笑顔になるなど、人からの関わりに応じようとする姿が見られる。 ● 遊んでいるものをとられると、かんしゃくを起こしかみつくことがある。
集団参加	● 集まりの場面では、日によって参加するときとしないときがある。 ● 音楽が鳴ると、集まりに興味を向けることが多い。
家庭の様子及び連携状況	● 本児の思いが通らないとさにかんしゃくを起こすことがあり、家庭でも対応に苦慮している。
関係機関との連携	● 出生時からダウン症と診断され、心房中隔欠損症*あり。現在医療機関で経過観察中（○○病院）。 ● 地域の保健センターで、月に2度作業療法と言語療法を受けている。

*心房中隔欠損症：心臓の右心房と左心房の間にある心房中隔と呼ばれる壁に、生まれつき穴が開いている疾患。
*粗大運動、微細運動：粗大運動は全身を使う運動のことで、微細運動は腕と手を使った運動のこと。

指導計画（年間計画）

CD-ROM → 3歳児_個人案
→ p167-169_Dちゃん（指導計画［年間計画］）

作成日　20○○年5月○日

課題となっている子どもの姿	・近くにいる大人を頼ることが多く、一人で活動することが少ない。 ・はじめての集団生活で不安が強く、近くにいる保育者から離れようとしない。 ・自分の思いが通らないとかんしゃくを起こすことが多い。				
年間目標	・安心して園生活を送り、生活全般においてできることを増やす。 ・一人で取り組むことが難しいときには近くにいる大人に助けを求める。 ・自分の気持ちに気づき、表出したり、コミュニケーションをとる楽しさを味わったりする。				

期	1期	2期	3期	4期
短期目標（養護）	・新しい環境のなかで、保育者に要求や不安を受け止められながら、安心して過ごす。	・天気や気温の変化を感じ、汗を拭く、着替える、水分をとるなどを習慣づける。	・友だちとの関係のなかで自分の気持ちに気づき、立て直そうとする。	・自分の気持ちを保育者に表出し、気持ちを落ち着けようとする。
短期目標（健康・人間関係・環境・言葉・表現）	・りんごのシールから自分の場所やものの位置を理解できる。 ・登園後の支度について、保育者のそばで取り組む。	・写真カードを見て保育者と一緒に遊びの用意ができる。 ・登園後の支度について保育者が少し離れたところで一人で取り組む。	・近くにいる大人に手伝ってほしいことをサインで伝える。 ・保育者を介して友だちと一緒に運動会の練習に参加する。	・担任や、よく知っている友だちに、自分からあいさつをすることができる。 ・保育所での1日の流れが絵カードを見てわかる。
環境及び保育者の援助	・安心感を与えられるように新しい活動の際は支援を細かく行う。 ・達成感を感じられるようにできたことをよくほめる。	・毎日の活動では、身体的な援助を減らし、言葉がけや手がかりの提示による援助を増やす。	・サインとして、保育者の肩をたたく、手をあげるなどを検討する。 ・本児が自信をもって踊れる振りつけを取り入れる。	・友だちがやっている活動に興味を示す様子が見られた場合、集団にうまく入ることができるように橋渡しをする。
家庭との連携	・自信を深められる場面を増やすため、家庭における本児の様子をよく聞くようにする。	・細かい手指の操作が必要なく着ることができる水着やサンダルを用意してもらう。	・行事について、どこまで支援をするのか、保護者の意見を聞きながら参加方法について検討する。	・次年度も本人が安心して過ごすことができるように支援を継続していくことを伝える。
振り返り	・登園時に泣く時間が短くなってきた。 ・支度ができたときには笑顔を見せていた。	・水着の着替えのあとは笑顔でできたことを大人に伝えようとしていた。	・音楽に合わせて体を動かす活動には、積極的に参加することができた。	・特定の友だちの様子をよく見ており、近くに行って遊ぶ様子が見られるようになった。

指導計画（短期）

CD-ROM → ■ 3歳児_個人案 → ■ p167-169_Dちゃん（指導計画［短期］）

作成日　20○○年 5月○日

みかん　ぐみ	名前　D		年齢　3 歳　● か月
作成者：A 先生			

	学期の目標	● 朝の支度のときに一人でできる場面を増やし、集団のなかでも自信をもてるようにする。 ● 特定の保育者との関わりや好きなことを手がかりに、安心して主体的に園生活を送る。		
	ねらい	**方法、手立て**	**様子**	**評価**
基本的生活習慣	● 支度のときにロッカーの前に立つことができる。 まずは「立つ」ことから、少しずつできることを増やしましょう。	● ロッカーにリンゴのシールと本児の顔写真を貼る。	● 自分の顔写真を見ながら指差しをしていた。 ● 所定の場所へ保育者の言葉がけで荷物を置くことができた。	● 朝の支度のときに自分のロッカーの前に立つことが一人でできるようになった。
基本的生活習慣	● 写真を見ながら場所を間違えずにかばんを置くことができる。 身支度は工程が多いので、ねらいを細かく設定するとよいでしょう。	● かばんをかけるフックの下にかばんの写真を貼る。 ● はじめはカバンと写真をマッチングさせたり、指差して示したりし、徐々に援助を減らしていく。	● フックにかけるとき、近くにいる保育者の顔を見ることが多い。合っているよと言葉がけをすると安心してかばんをかける姿が見られた。	● かばんをかけるとき、写真を見る様子はない。ロッカーに置くものの配置をイラストにし、事前に教員と一緒に確認をして整理に取り組んでいく。
情緒の安定	● 登園後、担当の保育者と落ち着いて過ごすことができる。	● 特定の保育者がそばにつき、行動や発声について応答的に受け止める。	● 泣かずに、園生活のなかでやりたいことを発声や指差しなどで伝えることができた。	● 泣く時間も短くなり、特定の保育者に笑顔を見せることも多くなってきている。
表現	● 集まりの場面で歌を歌うときに少しずつ参加する。 興味を示している歌を手がかりに、集団参加を促していきましょう。	● 本児が好きな歌を取り入れ、友だちと一緒に過ごす機会を設ける。	● 歌を歌う場面では、保育者の言葉がけで集まりに参加し、活動を楽しむことができた。	● 歌の時間では、友だちと同じ場で一緒に過ごすことができるようになってきている。

Eちゃんの個別指導計画
（入園後に気になる点が出てきたとき）

氏名：E
生年月日：20○○年○月■日（3歳●か月）

入園時の様子
- 園の場所や雰囲気に慣れるまでは、泣いて過ごすことが多かった。
- 電車の玩具が好きで、よく遊んでいる。電車の車両を並べて眺めていることが多かった（現在も）。

入園後気になったきっかけ
- 大人や友だちが近寄っても応答することが少なかった。

家族：父、母、本児
家庭では、本児が好きなこと（電車の玩具で遊ぶ、電車の動画を見る）をして過ごす時間が多く、育児に手がかからなかったと感じている。保育者が園での様子を伝えても、特に気にする様子は見られない。

保育者の願い
- 友だちと楽しく遊んでほしい。
- いろいろなことに興味をもってほしい。

指導記録

CD-ROM → 3歳児_個人案→ p171-173_Eちゃん（指導記録）

作成日　20○○年7月○日

氏名	E	生年月日	○○年○月■日 （3歳●か月）
入園時期	3歳児クラスに4月から入園	3歳児	みかんぐみ

基本的生活習慣	● 身辺自立は年齢相応で、特に課題がない。
運動	● 体の動きに課題は見られないが、外で遊ぶことが少ない。 ● 指先は器用で製作遊びも黙々とやる。
遊び	● 電車の玩具で遊んでいる。一人で遊んで過ごすことが多い。 ● ひらがなどの文字や数字に興味がある。
コミュニケーション	● 友だちが遊んでいた玩具（電車）を勝手にとってしまう。 ● 友だちから「嫌だ」と言われても特に気にする様子はない。
対人関係	● わからないことがあると、その場に立ち尽くしてしまう。 ● 興味がない活動には誘いかけても拒否をすることが多い。
集団参加	● 誘いかけても集まりなどの活動に入ることは少ない。
家庭の様子及び連携状況	● 母親は、発語が少ないことを気にしていたが、集団に入れば言葉が増え、友だちとやりとりできると考えている。
関係機関との連携	● 関係機関とはつながっていない。 ● 保護者とふだんから本児の様子を共有し、タイミングを見て近隣の児童発達支援センターを紹介したいと考えている。

指導計画（年間計画）

CD-ROM → 3歳児_個人案
→ p171-173_Eちゃん（指導計画[年間計画]）

作成日　20○○年7月○日

課題となっている子どもの姿	● 集団活動への参加機会が少ない。 ● 一度拒否をするとその場から動かない。 ● 無理に誘いかけを続けると、自分の頭をたたいたり、友だちに手が出たりする。
年間目標	● 安定して過ごす時間を増やし、自分の思いを保育者に伝える。 ● 遊びや生活を楽しみながら、集団活動への参加機会を増やす。

期	1期	2期	3期	4期
短期目標 （養護）	—	● 本児の気持ちに寄り添いながら、楽しく生活できるよう信頼関係を構築する。	● 本児の気持ちに寄り添い、共感しながら、自分の気持ちを安心して表す。	● 自発的に行動する姿を受け止められ、自信をもつ。
短期目標 （健康・人間関係・環境・言葉・表現）	—	● 保育者や友だちのあいさつに応じることができる。 ● 1日の予定を確認し、見通しをもって1日を過ごす。	● 掲示された1日の予定を、自分で確認することができる。 ● 集団活動への参加の方法について事前に本人と確認し、少しずつ参加する。	● 自分から友だちにあいさつをすることができる。 ● 友だちの様子を見ながら、興味をもつ様子が見られたときにはやりとりをする。
環境及び保育者の援助	—	● 応答的に関わり、人と関わることが楽しいと思えるような機会を増やす。 ● 本児の好きな遊びや玩具をきっかけに保育者と関わる。	● 集団生活に入らなくてもいいが、その間好きな遊びはしないことを約束する。 ● 活動の切り替わりの際、参加を促す。	● 好きな活動が似ている友だちの近くで遊ぶように促す。 ● 本児が気にしている友だちに誘いかけてみるよう促す。
家庭との連携	—	● 生活の様子や、支援のためのコミュニケーションカードの説明を行う。日々の様子を細かく伝える。	● 大きな行事の前には昨年度の様子の写真を渡し、家庭でも本児に説明をしてもらうようにする。	● 進級後の生活について、事前に伝えられることを共有し、次年度の生活に見通しをもつ。
振り返り	—	● 保育者と一緒に何をするか確認することで、落ち着いて友だちの活動を見る様子が増えてきた。	● 事前に何をどのくらい行うか写真や言葉で説明することで集団活動への参加が増えてきている。	● あいさつを通して、周囲の友だちの行動に興味を向けることが増えてきた。

指導計画（短期）

CD-ROM → 3歳児_個人案
→ p171-173_Eちゃん（指導計画［短期］）

作成日　20○○年10月○日

| みかん　ぐみ | 名前　E | 年齢　3　歳　●　か月 |

作成者：A先生

| 学期の目標 | ●安定して過ごす時間を増やし、自分の思いを保育者に伝えようとする。
●保育者との信頼関係を基盤として、友だちと関わろうとする。 |

	ねらい	方法、手立て	様子	評価
集団参加	●自分で集団活動へ参加するか、見学するか選択することができる。	●集団活動の前に参加カード、途中から参加カード、見学カードを提示する。 ●見学するときは、玩具を片づけておく。	●見学カードを選ぶことが多かったが、興味がある音楽が鳴ると、途中から集まりに参加することも増えてきた。	●集まりに参加することも増えてきているが、見学カードを選んだ際に、電車のおもちゃで遊ぼうとすることが多い。
コミュニケーション	●「かして」と保育者の言葉を模倣することができる。	●他児が使っているものをとろうとしたときには、「かして」と言葉がけをする。 ●「かして」と言えたら大いにほめ、玩具を渡す。	●他の子が手放してしまったものについては、勝手にもっていくが、もっているものに関しては「かして」ということができるようになった。	●近くにいる友だちがもっている電車の名前を保育者に伝えるようになった。友だちの様子を見ることが増えてきた。
生活	●1日の予定を保育者と確認することができる。	●ひらがなの予定表を見ながら、保育者と指差しをして確認する。	●行事の前の練習など見慣れない言葉があると、「これは？」と保育者に聞くことができた。	●本人の興味があるひらがなを用いることで、本人からの関わりを引き出すことにつながった。
人間関係	●保育者や友だちにあいさつすることができる。	●登園、降園時には保育士と一緒に「おはよう」「さようなら」と言葉を言って、お辞儀をする見本を見せる。 ●スキンシップなど温かい関わりを心がける。	●最初は保育者だけにあいさつをしていたが、友だちからあいさつをされたことに気がついたときは、あいさつを返すことができるようになった。	●友だちにもあいさつを返すことができるようになった。まだ自分からあいさつすることは少ないが、悪気はなく、あいさつをされたことに気がつかないことがある。

> 参加できなくても自己決定を育てるねらいにしましょう。

> 本人の要求があることから言葉を引き出していきましょう。

> 興味を示していること（ひらがな）を生かすといいでしょう。

指導計画用紙 (年間計画)

※コピーして記入してみましょう。

作成日　　年　　月　　日

課題となっている子どもの姿				
年間目標				

期	1期	2期	3期	4期
短期目標 (養護)				
短期目標 (健康・人間関係・環境・言葉・表現)				
環境及び保育者の援助				
家庭との連携				
振り返り				

指導計画用紙（短期）

※コピーして記入してみましょう。

作成日　　年　　月　　日

_____ ぐみ　　名前 _____　　年齢 ___ 歳 ___ か月

作成者：

学期の目標			
ねらい	方法、手立て	様子	評価

↳ 生活、言語、社会性、行動面、作業、運動・身体などの項目を必要に応じて記入する。

保育日誌

○ CD-ROM → 📁 3歳児_保育日誌
→ p176-p177_保育日誌 4-6月

保育日誌とは、日々の保育を振り返り、次の保育に生かしていくための記録です。指導計画に基づいて保育を行い、設定したねらいや内容に対して実際にどうだったか、具体的な子どもの成長、今後の課題について記入していきます。ここでは週案で紹介した活動についての保育日誌を掲載します。

月／日	主な活動	子どもの様子	評価・反省
4／○（月）	●園庭遊び（固定遊具、砂場遊び）	●緊張しながらも、新しいクラスの保育者や友だちと一緒に過ごすことを楽しんでいた。2歳児クラスのときに遊んでいた遊具で繰り返し遊ぶ子どももいた。	●新入園児など、新しいクラスで不安な表情を見せていた子どもとは個々に対応し、ていねいに関わることができた。そうではない子どもたちの思いもしっかりと受け止めながら活動していきたい。

▶ 4月週案 50・51 ページへ

月／日	主な活動	子どもの様子	評価・反省
4／○（火）	●室内遊び（ブロック、積み木、ままごと、パズル）	●コーナーに仕切られたなかで自分が好きな遊びを楽しんだ。あちこち移動しながら遊ぶ子どももいれば、1つの場所でじっくり遊ぶ子どももいた。保育者の仲立ちで友だちの名前を呼ぶ子もいた。	●2歳児クラスのときに親しんでいた玩具を中心に、多めに用意しておいたので、それぞれが好きな遊びを楽しめたようだ。新入園児はまだ表情が硬いので、寄り添いながら安心して過ごせるよう引き続き様子を見守りたい。

▶ 4月週案 50・51 ページへ

月／日	主な活動	子どもの様子	評価・反省
5／○（火）	●室内遊び（誕生会の準備）	●折り紙を自由に折って遊んだり、皆で歌ったりすることを楽しんでいた。保育者のすることに興味をもつ子もいて、歌う姿を見て喜び、まねをして歌う様子が見られた。	●折り紙に気乗りしない子どもには、1対1で手遊びをして関わったり、一緒に友だちの折る様子を見たりして過ごした。個々の子どもの思いを受け止めて、興味を引き出しながら関われるようにしたい。

▶ 5月週案 60・61 ページへ

月／日	主な活動	子どもの様子	評価・反省
5／○ (金)	● 運動遊び（鬼ごっこ、しっぽとり、ボール遊びなど）	● グループに分かれ、保育者と一緒に体を動かす遊びを楽しんだ。追いかけたり追いかけられたりしながら友だちとふれあうことを楽しんでいた。好きな遊びが見つからない子も保育者に誘われると遊びに加わっていた。	● 着替えや水分補給に気を配りながら遊んだ。自分から上着を脱ごうとする子どももいた。今後も気候や体調に合わせて自分で調節できるよう促したい。友だちと遊ぶことに慣れていない子も多いので、仲立ちし導いていきたい。

▶ 5月週案 60・61 ページへ

月／日	主な活動	子どもの様子	評価・反省
6／○ (火)	● 室内遊び（リトミック）	● 最初は音楽に合わせて体を動かすことにとまどいを感じている子もいた。繰り返すうちにしだいに緊張がほぐれ、自分なりに体を動かすことに開放感を感じている様子だった。	● 雨の日が続いていたので、ホールで十分に体を動かすことができ、気持ちが発散できたと思う。身体表現に抵抗がある子どももいるので、無理強いせず、最初は見本通りに動くなどして興味を引き出せるようにしていきたい。

▶ 6月週案 70・71 ページへ

月／日	主な活動	子どもの様子	評価・反省
6／○ (土)	● 異年齢保育（絵本の読み聞かせ）	● 保育者が絵本を読むと喜び、繰り返し読んでほしいとお願いする姿があった。絵本のなかに出てくる言葉を年長児と一緒に口に出して楽しんでいる姿も見られた。	● 4月からの新入園児も、土曜日の異年齢保育に慣れてきた。皆で集まると保育者が楽しいことをしてくれるということがわかり、期待をしている様子だった。これからも異年齢で楽しめる活動を設定していきたい。

▶ 6月週案 70・71 ページへ

保育日誌

◉ CD-ROM → 📁 3歳児_保育日誌
→ p178-p179_保育日誌 7-9月

月／日	主な活動	子どもの様子	評価・反省
7／○ （木）	● プール遊び	● 水に入れることを楽しみにしている子もいるが、少し怖がっている子もいた。水に入ることに抵抗がある子どもは、浮く玩具をプールに浮かべ、その様子を見るなど、それぞれの楽しみ方で遊んでいた。	● 遊ぶ前にプール遊びの決まりを皆で確認したが、遊びがすすむにつれ守れなくなった子もいた。安全のため繰り返し伝え、決まりを守ることの大切さに気づけるように援助したい。

▶ 7月週案 80・81 ページへ

月／日	主な活動	子どもの様子	評価・反省
7／○ （金）	● 七夕まつり	● 火曜日につくった飾りを自分で飾りつけたり、保育者に願いごとを伝え、短冊に書いてもらったりすることを楽しんでいた。ホールで年長児の出し物をみて、憧れの気持ちをもった子もいたようだった。	● まだうまく伝えられない子の願いごとは、保護者から聞いておいたので、全員分の願いを短冊に書くことができた。園全体の行事のときには年長児の姿を意識できるようにこれからも環境を設定していきたい。

▶ 7月週案 80・81 ページへ

月／日	主な活動	子どもの様子	評価・反省
8／○ （火）	● 色水遊び	● 植物の花や葉をビニール袋に入れて水と一緒にもみ込んで、色が出る不思議さを楽しんだ。ビニール袋をもむ感触自体を楽しむ子や、色が出ること、色を混ぜることを楽しむ子、できた色水でお店やさんごっこをする子などもいた。	● 誤飲しないよう安全に配慮しながら楽しめた。色水の楽しみ方は子どもによってさまざまだった。これからも子ども一人ひとりのイメージを認め、自由な遊びを楽しめるようにしていきたい。

▶ 8月週案 90・91 ページへ

月／日	主な活動	子どもの様子	評価・反省
8／○ (金)	● 室内遊び（見立て遊び、ごっこ遊び）	● 友だちの様子に興味をもち、近くで同じように遊んだり動いたりすることを楽しむ姿が見られた。一方で、友だちと同じ玩具を欲しがって泣く子どももいた。	● 他児との関わりが増えるにつれて、トラブルも多くなっていたので、納得して気持ちを切り替えられるように、一人ひとりの姿をよく見ながら対応していきたい。

▶ 8月週案 90・91 ページへ

月／日	主な活動	子どもの様子	評価・反省
9／○ (月)	● 運動遊び（巧技台、マット）	● 保育者の動きを意識してまねしようとする子や、友だちと同じ動きを楽しむ子もいた。ほかの子が平均台を使っているときは、終わるまで待っていようね、と保育者が伝えると、順番を守って待つことができた。	● 保育者も一緒に楽しむことで、体を動かすことの楽しさや開放感を伝えられたと思う。運動遊びや順番を守って並んだりすることを経験しながら、自然に運動会につなげていけるようにしたい。

▶ 9月週案 100・101 ページへ

月／日	主な活動	子どもの様子	評価・反省
9／○ (水)	● 防災訓練	● サイレンが鳴ったら安全な場所に集まり、保育者の指示にしたがって並んで歩いて、地域の避難所に避難した。ふだんから「おかしも」の約束について確認していたので、口にする子どももいた。	● 3歳児クラスになってはじめての地域の避難所まで歩く訓練だったので、ふだんと異なる雰囲気におどろき、足が止まってしまった子どももいた。子どもたちが緊張しすぎずに避難できるような関わり方を考えていきたい。

▶ 9月週案 100・101 ページへ

保育日誌

◉ CD-ROM → 📁 3歳児_保育日誌
→ p180-p181_保育日誌 10-12月

月／日	主な活動	子どもの様子	評価・反省
10／○ （月）	●園庭遊び（かけっこ、ボール遊び）	●運動会に向けて、かけっこやボール遊びを楽しんだ。友だちにかけっこを一緒にしようと誘いかけて仲間を集める子や、玉入れがしたいと保育者に伝えたりする子もいた。それぞれが自分なりに楽しむことができていた。	●運動会本番と同じ道具を用意しておいたので、本番の雰囲気を楽しめたようだった。運動遊びに消極的な子には保育者が個別に誘いかけ、そばについて一緒に行うことで徐々に興味が出てきた様子だった。

▶ 10月週案 110・111ページへ

月／日	主な活動	子どもの様子	評価・反省
10／○ （土）	●運動会	●友だちと一緒に楽しそうに走る姿が見られた。ダンスでは緊張して泣いてしまう子もいたが、ふだん通り楽しそうに踊っている子もいた。ほかのクラスのダンスを夢中になって見て、まねをしている子もいた。	●9月から徐々に運動遊びの機会を増やし、かけっこやダンスに取り組んでいたので、ふだんの活動の流れのまま楽しめた子も多かった。他クラスのダンスに興味をもっている子どももいたので、運動会ごっこで取り入れたい。

▶ 10月週案 110・111ページへ

月／日	主な活動	子どもの様子	評価・反省
11／○ （火）	●園周辺の散歩（公園への散歩）	●落ち葉やどんぐりを拾って、たくさん袋に詰めている姿が見られた。園に戻ってから図鑑でどんぐりの写真を見て、色や形に興味をもって保育者に質問をする子どももいた。	●寒い日が続き、秋が深まってきたので公園で落ち葉やどんぐり拾いを楽しむことができた。これから冬に向かっていく自然に興味がもてるような活動を設定していきたい。

▶ 11月週案 120・121ページへ

月／日	主な活動	子どもの様子	評価・反省
11／○ （水）	● 室内遊び(自然物を使った製作)	● 木の実、豆、米などを使って、マラカス製作を楽しんだ。昨日の散歩でみつけたものについて問いかけると、思い出しながらつくっている様子が見られた。中に入れる素材によって、音に違いがあることに気づいた子もいた。	● 一人ひとりが自分なりにイメージしたマラカスをつくることを楽しめた。音の違いに気づいた子もいたので、クラスの皆に紹介した。これからも子ども一人ひとりの発見やつぶやきをクラスの皆に紹介していきたい。

▶ 11月週案 120・121 ページへ

月／日	主な活動	子どもの様子	評価・反省
12／○ （水）	● 室内遊び（クリスマス会に向けた製作）	● 自分なりにイメージをもって、好きな素材を使って飾りをつくることを楽しんだ。わたのフワフワした感触や、モールのキラキラした色合いを見て楽しみながら、自分なりに工夫してつくっていた。	● 製作の前にボンドやハサミの使い方を伝えて、安全に楽しむことができた。自分のクレヨンやハサミを使うことにも慣れてきている様子だった。これからもイメージしたものを形にできるような活動を設定したい。

▶ 12月週案 130・131 ページへ

月／日	主な活動	子どもの様子	評価・反省
12／○ （土）	● 異年齢保育（お正月の遊び）	● 年長児に遊び方を教えてもらいながらコマ回し、羽根つき、凧あげなど好きな遊びを楽しんでいた。カルタやけん玉など、まだ3歳児には難しい遊びは、年長児の遊ぶ様子を見て楽しんでいた。	● 3歳児にはまだ難しい遊びを年長児が楽しんでいる姿を見て、憧れの気持ちをもったようだった。家庭でもお正月遊びが楽しめるように保護者に伝えていきたい。

▶ 12月週案 130・131 ページへ

保育日誌

● CD-ROM → 📁 3歳児_保育日誌
→ p182-p183_保育日誌 1-3月

月／日	主な活動	子どもの様子	評価・反省
1／○（木）	● 園庭遊び（コマ回し、凧あげ、羽根つき）	● はねつきや凧揚げなど、保育者が用意したお正月の遊びに取り組み、楽しんでいた。凧を自分たちでつくることができると知ると、自分たちでやってみたいと保育者に言う子どももいた。	● 年末からお正月遊びを紹介していたので、子どもたちは十分に楽しめたように思う。保育者自身もコツをつかみ、楽しく遊べるようになっていることが必要だと感じた。

▶ 1月週案 140・141 ページへ

月／日	主な活動	子どもの様子	評価・反省
1／○（土）	● 異年齢保育（伝統的なお正月遊び）	● 年長児に遊び方を教えてもらいながらカルタや福笑いを楽しんでいた。年長児の遊ぶ姿をまねしながら、言葉や数を口に出そうとする姿が見られた。一緒に遊ぶことで、年長児に親しみを感じていた。	● カルタはまだルールを理解するのが難しく、違う札を取ってしまったりすることもあった。年長児の遊び方をまねすること自体を楽しんでいる様子も見られたので、お別れ会までに何度か異年齢児との交流の機会をつくりたい。

▶ 1月週案 140・141 ページへ

月／日	主な活動	子どもの様子	評価・反省
2／○（月）	● 室内遊び（劇遊び）	● 衣装を身に着けて、順番にセリフを言いながら自分なりに表現することを楽しんでいた。役になりきって表現を楽しんでいる子もいれば、恥ずかしがったりとまどったりしてセリフを言うのを嫌がる子もいた。	● 昨年の劇は、セリフが3歳児には少し長めだったので、短い繰り返しのセリフを増やすようにしたら無理なく楽しめた。セリフを言うのが苦手な子は無理のない範囲で楽しめるようにしていきたい。

▶ 2月週案 150・151 ページへ

月／日	主な活動	子どもの様子	評価・反省
2／○ (金)	●生活発表会のリハーサル	●クラスの皆で同じ衣装を身につけて、「おもちゃのチャチャチャ」に合わせてすずやカスタネットを鳴らした。気乗りしない子や緊張している子は保育者がつき、無理に活動はせず、皆の様子を近くで見るようにした。	●友だちと歌で声を合わせたり、同じ動きをしたりすることを楽しんでいる姿が見られた。一方で、まだクラス全員で取り組むのは難しいので、気乗りしない子や緊張している子には個々に関わり、興味を引き出していきたい。

▶ 2月週案 150・151ページへ

月／日	主な活動	子どもの様子	評価・反省
3／○ (水)	●室内遊び（歌）	●ホールを使用して、卒園児を送る歌を歌った。歌う前に卒園児との思い出を保育者が尋ねると、一緒にお正月遊びをしたこと、給食を一緒に食べたことなどを口にして「楽しかった」「またやりたい」と振り返っていた。	●クラスの皆で思い出を振り返ることで、卒園児に感謝する気持ちがもてたようだった。本番でも気持ちをこめて歌えるよう、歌う前には思い出とともに、卒園児はこれから小学校に進学するということを伝えていきたい。

▶ 3月週案 160・161ページへ

月／日	主な活動	子どもの様子	評価・反省
3／○ (土)	●お別れ会	●年長児が卒園することがわかり、悲しそうにしている子や、年長さんはこれからどのクラスに行くの？と聞いている子もいた。クラスの皆で、気持ちをこめて送る歌を歌うことができた。	●別れるさびしさやお祝いする気持ちなど、お別れ会をとおしていろいろな感情を経験できた。卒園生への思いが進級への期待につながるよう、これからの活動につなげていきたい。

▶ 3月週案 160・161ページへ

1年間の指導計画を振り返ってみよう

指導計画の振り返りの方法はさまざまなものがありますが、本書でおすすめする方法は、1年分の月案の「ねらい」を振り返ることです。例として、みかんぐみは5領域の「健康」の項目、れもんぐみは「人間関係」の項目のねらいに焦点をあてて、1年間を振り返ってみましょう。

4月

みかんぐみ	れもんぐみ
1日の生活の流れを知って、自分から活動しようとする。	保育者との信頼関係を感じ、落ち着いた気持ちで過ごす。

ポイント❸

5月

みかんぐみ	れもんぐみ
生活に必要なことを自分からしようとする。	皆と一緒に活動することを楽しむ。

ポイント❸

6月

みかんぐみ	れもんぐみ
戸外で全身を使って遊ぶことを楽しむ。	遊びのなかで友だちに関心をもつ。

ポイント❶

7月

みかんぐみ	れもんぐみ
プール遊びに楽しんで参加する。	決まりを守って友だちと遊ぶ。

ポイント❶

8月

みかんぐみ	れもんぐみ
生活の流れがわかり、着替えを自分でしようとする。	簡単なルールのある遊びを楽しむ。

ポイント❸

9月

みかんぐみ	れもんぐみ
体を十分に動かす遊びを楽しむ。	友だちと遊具を共有しながら遊ぶ。

ポイント❶　　ポイント❷

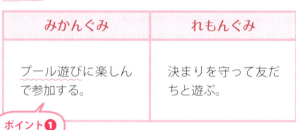

10月

みかんぐみ	れもんぐみ
運動会に期待し、戸外で十分に体を動かして遊ぶ。	友だちと遊ぶなかで、約束ごとを意識し守ろうとする。

ポイント❶

11月

みかんぐみ	れもんぐみ
身のまわりを清潔に保ち、心地よさを感じる。	友だちとやりとりをしながら、ルールのある遊びを楽しむ。

ポイント❶

12月

みかんぐみ	れもんぐみ
寒さに負けず、元気に遊ぶことを楽しむ。	好きな遊びをみつけ、友だちと繰り返し楽しむ。

ポイント❷

1月

みかんぐみ	れもんぐみ
友だちと一緒に戸外で元気に遊ぶ。	友だちと簡単なルールのある遊びを楽しむ。

ポイント❷

2月

みかんぐみ	れもんぐみ
戸外で体を十分に動かして遊ぶ。	いろいろな友だちとの関わりを楽しむ。

ポイント❷

3月

みかんぐみ	れもんぐみ
うがいや手洗いの大切さがわかり、自分から行おうとする。	友だちと一緒に、見立て遊びを楽しむ。

ポイント❶

1年をとおして月案の「ねらい」を見て、わかること

ポイント❶ 「健康」の項目では、健康で安全な生活に必要な習慣・態度や、体を十分に動かす運動についての「ねらい」が設定されていることがわかります。

ポイント❷ 「人間関係」の項目では、人と関わる力や人と支え合って生活するための自立心についての「ねらい」が設定されていることがわかります。

ポイント❸ 同じ項目でも、月を経るごとに発達に応じて「ねらい」で設定されることが変化していくことがわかります。
例：1日の生活の流れを知って、自分から活動しようとする（4月）→生活に必要なことを自分からしようとする（5月）→生活の流れがわかり、着替えを自分でしようとする（8月）

振り返りのチェックポイント

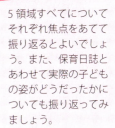

5領域すべてについてそれぞれ焦点をあてて振り返るとよいでしょう。また、保育日誌とあわせて実際の子どもの姿がどうだったかについても振り返ってみましょう。

写真や動画を記録に生かすには？

保育の現場で写真や動画を記録の手段として使用することが増えてきています。
ここでは、写真、動画を活用した記録（ポートフォリオ、ドキュメンテーション）の方法を紹介します。

1 ポートフォリオとは何か？

ポートフォリオの語源は、イタリア語のPortafoglio（portrait 持ち歩く＋forglio 紙）で「財布」や「ファイル、書類ケース」を意味します。近年では一般的にも自身の作品や履歴をファイルに収めて発表したり、プレゼンテーションしたりする際に用いるものとして、この言葉が使用されています。保育の現場では、保育者が一人ひとりの成長過程や、子どもたちの体験などを写真や文章でまとめ、子どもを理解するための記録として用いたり、保護者に対して子どもの姿を伝えるための資料として使われたりしています。似たような記録として、ニュージーランドで生まれたラーニング・ストーリー（子どもたちの言動を紙にまとめたものをファイリングし部屋の入り口に置いておき、保護者や子どもがいつでも見られるようにしておく記録のこと）というものもあります。

● ポートフォリオの例

出典：松井剛太「保育所における保護者の保育参加を目指したポートフォリオの作成」『乳児教育学研究』24、2015年

2 ドキュメンテーションとは何か？

イタリアのレッジョ・エミリア市で実施されていたもので、保育のプロセス（過程）を見える化することを特徴とした記録のことです。「プロセス」を重視するものなので、活動の途中についても記録していきます。また、活動のなかでの子どもの会話や行動について写真やICレコーダー、ビデオカメラなど、さまざまな方法で記録することで、子ども一人ひとりの学びや成長していく過程を、子ども自身や保護者と共有することができるというものです。ポートフォリオと違い、個人よりも協同的活動についての記録になります。

活動の過程（準備など）も記録する

協同的な活動を記録する

③ ふだんの保育のなかで、写真や動画をどのように活用すればいいの？

●記録として活用する

→記録をまとめていく過程で、保育者自身が自分の保育を振り返ることができ、そのときには見えなかった子どもの姿が見えてくることがあります。振り返ることは、子ども理解につながるのです。

●評価や反省を書くときに活用する

→保育者同士で、ドキュメンテーションなどを見て意見交換をします（これを保育カンファレンスといいます）。さまざまな視点から振り返ることで、これまでもっていた子どものイメージが変わることもあります。たとえば、これまで対応が難しいと思っていた子について、ほかの保育者の視点によってその子がトラブルを起こした理由がわかり、対応の仕方がわかる、ということもあります。

●保護者との連携で活用する

→園の活動や育ちの姿を写真や動画で見せることによって、保護者に園としての取り組みを理解してもらうことができます。また、写真や動画で記録を残し、保護者や子どもが見られるところに掲示することによって、保護者と子どもの会話のきっかけにもなります。

④ 写真をとるときの注意点は？

子どもがカメラを意識している写真（ポーズをとったり、ピースサインをしたりしているなど）はできるだけ避けましょう。子どもが何かに熱中したり、関心を向けたり、困難なことにチャレンジしようとしていたり、何かを表現しようとしていたりする姿を写真にとるように意識しましょう。

CD-ROMについて

付属のCD-ROMには、本誌で紹介されている文例のWord形式のデータが収録されています。
CD-ROMをお使いになる前に必ず下記をご確認ください。
付属のCD-ROMを開封された場合、以下の事項に同意されたものとします。

■動作環境
- 対応OS：Microsoft Windows7 以上
- アプリケーション：Microsoft Office Word 2010 以上
- CD-ROM ドライブ

※付属のCD-ROMを使用するには、パソコンにCD-ROMを読み込めるCD-ROMドライブが装備されている必要があります。

■使用上の注意
- 本誌では、Windows7 上で Microsoft Office Word 2013 を使用した操作手順を紹介しています。お使いの動作環境によって操作方法や操作画面が異なる場合がありますので、ご了承ください。
- お使いのパソコン環境やアプリケーションのバージョンによって、レイアウトが崩れて表示される場合があります。

※Microsoft Windows、Microsoft Office、Wordは米国 Microsoft Corporation の米国およびその他の国における登録商標です。その他、記載されている製品名は、各社の登録商標または商標です。本書では、™、®、©マークの表示を省略しています。

■使用許諾
本誌掲載の文例、および付属CD-ROMに収録されたデータは、購入された個人または法人・団体が、営利を目的とせず、私的な目的（掲示物、園だよりなど）で使用することができます。ただし、以下のことを遵守してください。

- 他の出版物、園児募集のためのPR広告、インターネットのホームページ（個人的なものを含む）などでの使用はできません。無断で使用することは法律で禁じられています。また、付属CD-ROM収録のデータを加工・変形し、上記内容に使用することも同様に禁じられています。
- 付属CD-ROM収録のデータを複製し、第三者に販売・頒布（インターネットや放送を通じたものを含む）、譲渡・賃貸することはできません。
- 本書に掲載および付属CD-ROMに収録されているすべての文例等の著作権・使用許諾権・商標権は弊社に帰属します。
- 付属CD-ROMを使用したことにより生じた損害、障害、その他いかなる事態にも、弊社は一切責任を負いません。
- 付属CD-ROMは音楽CDではありません。オーディオプレイヤーなどで再生しないでください。
- CD-ROMの裏面を傷つけるとデータが読み取れなくなる場合があります。取り扱いには十分ご注意ください。
- 本書記載の内容についてのご質問は弊社宛てにお願いいたします。CD-ROM収録データのサポートは行っていません。

CD-ROMに収録されているデータについて

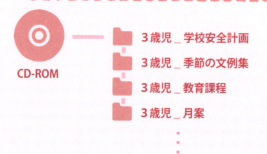

付属のCD-ROMを開くと、各指導計画の名前のついたフォルダが入っています。指導計画のフォルダのなかには、掲載ページごとのフォルダがあり、本誌で紹介されている指導計画のテンプレートがWord形式で収録されています。

※日案の環境構成図は空欄になっています。園の実態に合わせて記入しましょう。

CD-ROM に収録されている Wordファイルを開こう

使いたいテンプレートがきまったら、CD-ROMからファイルを探してパソコン上にコピーしましょう。
ここでは、Windows7上で「4月_みかんぐみ」のWordファイルをパソコン上に保存し、開いてみます。

1 CD-ROMを挿入する

付属のCD-ROMをパソコンのCD-ROM（DVD-ROM）ドライブへ挿入すると、自動再生ダイアログが表示されるので、「フォルダーを開いてファイルを表示」をクリックします。

- ダイアログを閉じてしまったり、表示されない場合は、スタートメニューの「コンピューター」から、「CD-ROMドライブ」をクリックして開くことができます。
- 「スタート→コンピューター→3歳児の指導計画」をクリックしていってください（Windows10の場合は「スタート→エクスプローラー→3歳児の指導計画」）。

2 目的のフォルダーを開く

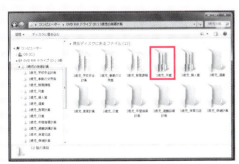

CD-ROMの内容を開くと、各章の名前のついたフォルダが表示されます。

「3歳児_月案」→「P44-P49_4月の月案」と開いていきましょう。
P44～49に掲載されている4月の月案のWordファイルがあります。

3 ファイルをパソコン上にコピーする

コピーしたいファイルをクリックしたままウィンドウの外へドラッグ（移動）しマウスボタンを離すと、デスクトップ上にファイルがコピーされます。

4 ファイルをダブルクリックする

デスクトップ上にコピーした「4月_みかんぐみ」をダブルクリックします。

5 Wordファイルが開く

Wordが起動し、「4月_みかんぐみ」のテンプレートが開きます。

2 Wordの文章をコピーして、別ファイルの表へ貼り付ける

付属CD-ROMに収録されているテンプレートの文章をコピーし、所属している園で使用している表へ貼り付けてみましょう。また、文章を編集したり、文字の大きさやフォント（書体）を変更する方法を説明します。

1 Wordの文章をコピーする

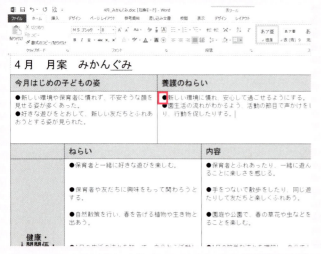

使いたい文章の先頭にカーソルを合わせ、クリックしながら文章の終わりまでドラッグし、文字列を選択します。

選択された範囲の色が変わり、選択状態になります。

「ホーム」タブ内の「コピー」をクリックすると、選択した文字列がコピーされます。

● 「Ctrl」キーを押しながら「C」キーを押すことでもコピーすることができます。

2 自分の園の表へ貼り付ける

文字列をコピーしたら、所属している園で使用しているファイルをダブルクリックして開きます。

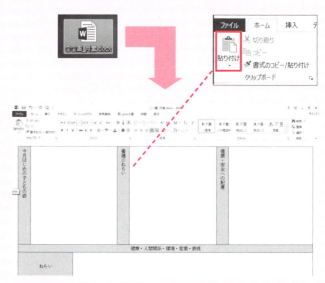

文章を貼り付けたい場所にカーソルを合わせてクリックし、「ホーム」タブ内の「貼り付け」をクリックします。

● 「Ctrl」キーを押しながら「V」キーを押すことでも貼り付けされます。

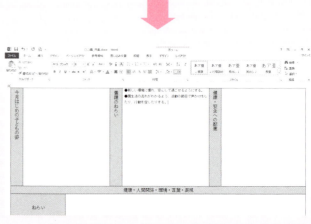

カーソルがおかれた場所に、コピーした文字列が貼り付けされました。

3 文章を編集する

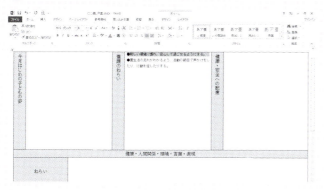

文章を編集する場合は、編集したい文字列をドラッグして選択します。

選択した文字列を「Delete」キーで削除するか、選択範囲の色が変わった状態のまま文字を入力し、新しい文章に書き換えます。

4 文字の大きさや、フォントを変更する

文字の大きさや、フォントを変更してみましょう。まず、変更したい文字列をドラッグ選択します。

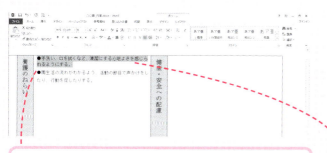

フォントの変更

フォント欄の右にある「▼」をクリックすると、使用できるフォントの一覧が表示されます。好きなフォントを選んでクリックすると、文字のフォントが変更されます。

5 編集したWordファイルを保存する

編集したファイルを保存するには、「ファイル」タブを開き「名前を付けて保存」または「上書き保存」をクリックします。

編集前のファイルを残したい場合は「名前を付けて保存」をクリックし、「ファイル名」欄に新しいファイル名を入力します。保存先を指定したら「保存」をクリックします。
元のファイルに上書きする場合は、「上書き保存」をクリックします。

● せっかく作成したデータが消えてしまわないよう、こまめに保存をするようにしましょう。

「ファイルの種類」で「Word97-2003文書」を選択して保存すると、古いバージョンのWordでも開くことのできる形式で保存されます。

大きさの変更

「ホーム」タブのフォントサイズ欄の右にある「▼」をクリックすると文字サイズの一覧が表示されます。

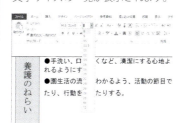

数字は直接入力して変更することもできます。

また、「A▲」「A▼」をクリックして文字の大きさを拡大・縮小することができます。

● **監修者**
原 孝成 （はら たかあき）
目白大学人間学部子ども学科教授
広島大学大学院教育学研究科博士課程前期幼児学専攻修了。
著書に『指導計画の書き方』（共著、チャイルド社、2016年）、
『保育の心理学Ⅰ』（共著、中央法規出版、2015年）など多数。

● **執筆**
粟生こずえ、橋本朋子

● **幼稚園・認定こども園の指導計画の監修**
桶田ゆかり（文京区立第一幼稚園園長）

● **個別の指導計画の監修**
堂山亞希（目白大学人間学部子ども学科専任講師）

● **個別の指導計画の執筆**
森澤亮介（筑波大学附属大塚特別支援学校教諭）

● **協力**
（保育所の指導計画）
社会福祉法人　新栄会（東京都新宿区）
木村健太朗（社会福祉法人　新栄会）

（幼稚園・認定こども園の指導計画）
文京区立第一幼稚園

＜スタッフ＞
編集協力：増田有希、宮本幹江
本文デザイン：伊藤 悠（OKAPPA DESIGN）
本文イラスト：おおたきょうこ、ちこ＊

本書の内容に関するお問い合わせは、書名、発行年月日、該当ページを明記の上、書面、FAX、お問い合わせフォームにて、当社編集部宛にお送りください。電話によるお問い合わせはお受けしておりません。また、本書の範囲を超えるご質問等にもお答えできませんので、あらかじめご了承ください。
　FAX：03-3831-0902
　お問い合わせフォーム：http://www.shin-sei.co.jp/np/contact-form3.html

落丁・乱丁のあった場合は、送料当社負担でお取替えいたします。当社営業部宛にお送りください。
本書の複写、複製を希望される場合は、そのつど事前に、出版者著作権管理機構（電話：03-3513-6969、FAX：03-3513-6979、e-mail：info@jcopy.or.jp）の許諾を得てください。
JCOPY ＜出版者著作権管理機構 委託出版物＞

3歳児の指導計画 完全サポート　CD-ROMつき
2019年1月25日　初版発行

監修者	原　孝成	
発行者	富永　靖弘	
印刷所	公和印刷株式会社	

発行所　東京都台東区台東2丁目24　株式会社 新星出版社
〒110-0016　☎03(3831)0743

© SHINSEI Publishing Co., Ltd.　　Printed in Japan

ISBN978-4-405-07287-9